JN024647

心理臨床，福祉・障害，教育・保育
の現場で働く支援者の軌跡

都筑 学 編
Manabu Tsuzuki

他者を
支援する人は
いかに
成長するのか

ナカニシヤ出版

まえがき

　本書は，心理臨床，福祉・障害，教育・保育の分野において，さまざまな困難や不安をかかえる人々を支援する専門職の活動をまとめたものです。各章の執筆者は，中央大学文学部の都筑ゼミで発達心理学を学んだ卒業生たちです。

　都筑ゼミのモットーの一つは，「片手に理論，片手に実践」。大学で心理学を学びつつ，様々な実践現場に入って行き，子どもや青年と直に接する機会をもつ。このような理論と実践の往還を通じて，生きた発達心理学を学ぶことを都筑ゼミでは目指していました。

　そのための活動の一つが，学部 3 年生が体験する学校インターンシップ。八王子市教育委員会と協定を結び，大学近辺の小中学校に毎週半日出かけて行き，教室での授業補助や子どもの個別支援を行いました。年度初めには，「子どもが嫌いだ」と言っていた学生が，一年間の活動を経験して，全く別人のように変貌するのを目の当たりにすることもありました。

＊　　　＊　　　＊

　私が中央大学文学部に赴任したのは 1988 年 4 月。これまで 30 年以上にわたって，学部・大学院で 400 人以上のゼミ生を指導してきました。その際に，自らの教育活動の指針としてきたことがあります。それは，次に引用する石躍胤央（1977）の論文の一節です。

> 　学生と教員との関係を蔦と添木にたとえることができるとすれば，教員はあらかじめ学生の成長を予定してたてられる添木ではなく，学生という蔦とともに成長していく添木でなければならない。
>
> 　（石躍胤央「学生の学習権と一般教育」『国民教育』1977 年 34 号 p.117）

　教員と学生の関係は，教える − 教えられるという一方的な関係性ではありません。両者が互いに成長していくという双方向的な関係性こそが重要です。

今，改めてそのことを強く感じています。

　本書を編集していくプロセスで，卒業したゼミ生たちと久しぶりに再会しました。学生時代よりも一回りも二回りも大きく成長している姿を見て，とても嬉しく思ったものです。では，自分自身の成長はどうだろうか。改めて振り返ってみたいという気持ちが強くなっています。

＊　　　＊　　　＊

　本書は，3部構成になっています。第1部は心理臨床，第2部は福祉・障害，第3部は教育・保育。それぞれの実践現場で働く，多様な支援の専門職の活動を紹介しています。支援者の悩みや葛藤，喜びなどが，自らの成長を振り返りつつ率直に書かれています。支援者の人生が語られていると言ってもよいかもしれません。

　各部の最後には，コメントが付けられています。それを執筆した金子泰之さん，加藤弘通さん，岡田有司さんも，都筑ゼミで学部・大学院を過ごした卒業生です。自らも実践にかかわった経験をもつ研究者の視点から，支援者の成長に対する見解が述べられています。都筑ゼミでは，学部生と大学院生が一同に会して議論する合同ゼミを毎週開いていました。章とコメントとの関係は，紙上版の合同ゼミだとも言えるかもしれません。

　読者の理解の助けとなるように，専門的な用語などについてはコラムで説明しています。

＊　　　＊　　　＊

　支援者と被支援者との関係も，先に紹介した石躍（1977）の蔦と添木の関係であると言えます。蔦は，太陽や水や土があって初めて大きくなっていくことができます。被支援者が成長していけるように，環境を整えていくことは，支援者の大事な仕事の一つです。

　それに加えて，蔦を支える添木が，蔦と一緒に成長していくことが何より大事だと言えます。両者の成長が合わさって，大自然のキャンバスの中に素晴らしい景色が作り上げられていくのです。

　春夏秋冬，幾多の季節を超えて成長し続けていく支援者。その弛まぬ歩みに対して，心からの敬意と拍手を送りたいと思います。

都筑　学

目　　次

第3部　教育・保育の現場で働く

第1部
心理臨床の現場で働く

- ● 精神科・心療内科クリニック心理士
- ● 発達センター心理士
- ● 児童精神科クリニック心理士
- ● スクールカウンセラー，保健センター心理相談員
- ● 発達クリニック心理士
- ● 健康相談室心理士
- ● 企業相談室カウンセラー

自分の道を自分で運転するということ

精神科・心療内科クリニック心理士　中澤元子

1. はじめに

　大学院を卒業し，心理の仕事に就いて18年ほど経つ。臨床心理士と公認心理師の資格を取得した。医療，教育，保育などの場を少しずつ変えつつ，非常勤で複数の勤務先をかけもちし，現在に至る。臨床心理士としての単発の仕事やボランティアも経験している。

　この原稿を書くにあたり，私は「非常勤も捨てたもんじゃない」と思っている。運よく，恵まれた環境にいるだけかもしれないが，働き始めた頃は予想もしなかった心境の変化だ。

　今から20年以上前，私は心理の仕事に就くことを目標に大学に入学した。当時，心理の仕事に就くためには，「大学院へ進学→心理の仕事を得る→臨床心理士の資格を取得」というコースがスタンダードだった。肝心の仕事については，「常勤職が少ない」「収入も身分も不安定」と言われており，見通しの暗い職業だった。まず，大学院への入学が狭き門なのに，その先もいくつもの関門と困難が待っている……。私だけでなく，心理の仕事を志す多くの人たちが「このまま進んで大丈夫だろうか……」と一抹の不安を抱えていた時代であった。

　それでも心理の仕事をしたいという私の気持ちに変わりはなかった。何とか大学院へ進学し，どうにか就職へとこぎつけることができた。

　当然ながら，非常勤職をかけもちして働くと給料形態はまちまちだ。働いた分だけ支払われる日給や時間給の職場。月に何日働いても決まった金額が支払われる月給の職場。予言通り（？），合計収入は月によって多少違う。でも，今のところは生きていけないほどではない。どこかを辞めてもどこかは残るの

で，無収入になる確率は低い。

　また，一つの職場で嫌なことがあっても，他の職場があることで嫌な気持ちにとらわれずに済む。良くしてくれる人がどこかにはいる。こうした利点もあり，今となっては自分に合っていることが多いと感じている。

　では，仕事の取り組み方について変化した点はあるだろうか？　「成長」と呼ぶことができるかどうかはわからないが，少し考えてみたいと思う。

2.　仕事内容に関して

　私がこれまでに経験した主な仕事は，医療，教育，保育の場だ。その仕事内容を大まかに紹介する。

　医療の仕事としては，精神科・心療内科クリニックにて，医師が必要と判断した方を対象に，心理検査や心理面接を行うことが主な業務である。

　教育の仕事としては，教育センター等で児童生徒（子ども）や保護者へ個別面接をすること。学校では，子どもや保護者への個別面接に加え，教員と協力して子どもにかかわることも多い。

　保育の仕事では，保育園を定期的に訪問し，保育士が気になっている園児について，一緒に過ごして観察しつつ，よりよいかかわりを一緒に検討するのが主な業務である。

3.　18年間で変化したこと

(1)　「今日のAさんと出会う」ということ。

　相談者は，たいてい「悪いところ」「うまくいかないところ」をもって心理士のもとへやってくる。「主訴」とも言う。例えば，頭痛腹痛めまいなど様々な身体の不調，家族関係をはじめとする人間関係の困りごと，様々な要因での不登校，仕事に行かれない，などだ。

　大ざっぱに言うと，心理士は「主訴が意味すること」や「少し先に起こりそうなこと」を頭のすみで考えつつ，「どうすればもう少し楽になることができるか」「今後どうしていきたいのか」について，相談者と一緒に考えるのが仕事で

ある。

　この「一緒に考える」という過程では，相談者の身の上に何度も起きる不運に心理士側も悲しくなったり，危機的な状況で何とかならないかと祈りたくなることもあり，相談者に対する素朴な思い入れがわいてくる。そのため，対人援助職をしていると「自分とかかわることでこの方が幸せな方向へ進んでほしい」という思いを完全になくすことは難しい。

　また，経験を積むと，「こういう方は，こんな方向へ進むのが幸せなのではないか」という典型的なイメージができあがってくる。あくまでパターンなので，決して相談者に押し付けはしないが，心のどこかでこのイメージを捨てきれない時がある。

　以前の私は，この両方の思いが掛け算となり，「こういう方向へもっていくのが○○さんにとって幸せでは」「次回は何か一つでも改善できるように」「せっかく面接に来てくれているのだから，明るくなるような声かけをしなきゃ」……。面接前からあれこれ考えすぎて，自分が疲れてしまっていた。

　さらにその頃の私は，心理士の役割は「悪いところをなくす」ことだとも考えていた。しかし，そうしようとすればするほど，かえってうまくいかなくなる場合があった。

　ある時期から，「今日はどんなAさんと出会えるだろう」と思って準備をするようになった。「出会う」とは，「今日のAさんが語る」辛いところ，辛い状況でも比較的よいところや何とかできていること，今日思い浮かぶ昔の話……などを一緒に探すことだ。そして，「あらいいじゃない」「残念ね……」「それは腹が立って当然！」など，思うところを「分かち合う」ことである。

　「今日のAさんと出会う」。この基本的な視点で，定点カメラのように相談者についていく。そのような関わりを積み重ねていくうちに，相談者が「悪いところはすぐにはなくならないけれど，それはそれとして自分自身とつき合おう」とする姿勢になっていく。いつしか私は，その過程が重要ではないかと考えるようになった。

　今の私は，心理の仕事とは，相談者がよいと思う人生の方向へ自分で運転できるように手伝うことであり，私が幸せだと思う方へ向かわせることや，悪いところを「なくす」「克服する」ものではないと考えている。

　もちろん，我々はやみくもに「今日のAさん」に出会っているわけではない。「どのように出会ったらよいか」という専門的な見立てが必要である。

(2)「人・もの」「時間」のチカラを借りる

　まず「人・もの」について。

　私は，医師や看護師，教師など複数の専門家と連絡や相談をしながら，協力して業務を行っている。役割としては，一対一で相談者とかかわることが多い。一対一でのかかわりは，構造は単純だが案外負担に感じる時がある。何か好ましくないことが起きると，相談者の言動をなにかと自分に関連づけて考え，反省を通り越して自分のせいだと思いつめてしまうことがあるからだ。特に初心者の頃は，「自分と相談者の関係」という視点でトレーニングを受けることもあるので，なおさら意識してしまいがちだ。

　しかし，今は少し違う考えも浮かぶようになった。

　相談者にとって，心理士とのかかわりが全てではない。相談者にも家族や友人がいる。場合によっては他の専門職もかかわっている。趣味や仕事，学校のPTAや自治会など，何らかの活動に参加している。むしろ，彼らの日常は面接室の外にあり，そちらの方が圧倒的に多い。その中で彼らは，「楽しみができた」「よい本に出会えた」「職場に親切な人がいる」「看護師さんが親身になってくれて嬉しい」など，「人やものに支えられる体験」をする。それを心理士との面接で語り，心理士と分かち合うことで自分のチカラ（自信）に変えてゆく。つまり，相談者にとっては，「日常の中に」支えになる人やものがあることが大切なのである。

　様々な事例を通してこのことを学んでからは，心理士は，相談者の支えになる「人・もの」を一緒に見つけること，あるいは相談者自らがそれらを見つけられるように，（時には祈りつつ）かかわることが必要なのだと思うようになった。心理士との関わりが終了しても，相談者が「日常の中を」生きてゆけるように，という意味も含めて，のことである。

　次に，「時間」について。

　これまで多くの相談者とかかわってきてつくづく思うことは，「どうしても，人生の流れを変えられない時がある」ということだ。

　相談者の中には，何をどう頑張っても，何も，どうにもならない時期を過ごす方がいる。そういう時は，何の励ましも慰めも意味がなく，ただ一緒に過ごして「次回また会いましょう」と約束するしかない。それがまたしばらく続く場合もあるわけで……。心理士としては無力だが，何かきっかけが生じるのをじっと待っていることしかできない期間がある。

　しかし，そうやって時間を待っていると，まるで決められていたかのように，また用意されていたかのようによい変化が起こったり，問題が解決されたり，本人の気持ちが変わったりすることがある。そのような瞬間に出会うと，特定の宗教を信じていなくても，「人智を超えた何か」があると思ってしまう。そして，私にとっては，この仕事をしていてよかったと心から思う瞬間でもある。

　「時間ぐすり」「時が解決する」という言葉がある。人の手でどうしようもない場合には，時間に頼らざるを得ないことがあるのだと今は思っている。ただし，ただぼんやりと気楽に待っていればいいというわけではなく，案外「覚悟」が必要だ。ここが心理の仕事の難しいところだと言えるだろう。

(3)　自分が「健康度が高い状態でそこにいる」ということ

　他の専門職と一緒に仕事をしていると，時々私は心理士の役割についてふと考えることがある。

　例えば，医師は薬を処方できる。看護師は生活の支援ができる。教師は勉強を教えられる。それぞれ目に見える専門技術をもって，目に見える利益を相手にもたらすことができる。

　一方，心理士の専門技術は，自分の感じ方や観察力，想像力だ（と私は考えている）。他の職種と異なり，これらは目に見えにくいものなので，心理士として精一杯の技術を使い，相手の利益になるように動いているつもりでも，その過程や成果を「見せる」ことは難しい。

　特に初心者の頃の私は，「見えない」ために，自分のしていることが役に立っているのか，意味があるのかわからなくて，よく不安に思っていた。少しでも不安を払拭しようと，理論や技法の勉強をし，研修会へ参加をし，とにかく知識をつけようとしていた時期もあった。見える成果（？）を残そうと空回りしたこともあったように思う。

しかし，いろいろな事例とかかわる中で気づいたことがある。

職業柄，心理士は「腹が立つ，恨む，悲しい，悔しい」といった負の感情に接することが多い。相談者はもとより，心理士自身にも負の感情が生じることがある。また，他職種との協力においても，それぞれの意見や立場があるので，時には意見が対立して負の感情が生じることもある。

負の感情は伝染しやすく，犯人捜しへと結びつきがちだ。対人援助において犯人捜しは無益なので，心理士は気をつけて，自分の感じ方や観察力を使うよう努める。相手の健康な部分を見つけたり，伝え方や言葉の選び方を工夫して，かかわりの全体的な軌道がずれないように，そこに身を置くのである。ひょっとすると，心理士は負の感情に「承知で」巻き込まれつつ，隙間を縫って，最終的には自分も相手も生き残ろうとしているのかもしれない。

自分の感じ方や観察力が気分によって大きく変わるようでは仕事にならない。多少気分が違う日があっても，できればそれを自覚できた方がいい。ある程度は自分が安定した状態でないと，相手の健康な部分とも出会えないのだ。

つまり，心理士は「できれば健康度が高い状態でそこにいる」のが役割の一つなのではと考えるようになった。

その役割を務めるためには，勉強も大切だが，同じくらい大切だと思うようになったことがある。

それは，「自分の日常も大切にする」ことである。家事をする，運動する，読書をする，趣味を楽しむ。時には悩み，不安になり，怒ったり悲しんだり落ち込んだりする。「健康」とは，体を鍛えることだけではない。「仕事を離れた私を生き，仕事を含めた人生を自分で運転する」。それができて初めて，相手の人生を想像することにつながるような気がするのだ。

4. おわりに

この原稿を書くために振り返りをした時，また，書いている時，かかわってきた相談者や他職種の方々，参加した研修，勉強会の仲間，読んだ本，当時の生活のことなど，本当にたくさんのことを思い出した。そして，この全ての経験や出会いの「おかげで」変化があったのだなあと感じた。

　私は，20代で就職した職場Bが合わず，体調を軽く崩してしまった。すぐに
でも辞めたかった。だが，3年は続けようと思い，何とか続けた。続けられた
のは，他にかけもちしていた職場Cがあり，そこでずいぶん救われていたから
だ。その後，職場BからDへ転職。はじめは職場CとDを合わせて週3日ほ
どだったが，少しずつ増えて週5日勤務となった。

　10年ほど経過した時，職場Cの対人関係で問題が生じた。幸い，私の立場や
気持ちを理解してくれる人もいたので，退職せず，自分の勤務日数を減らして
しのいだ。減らしてすぐ，職場Eで働いている人から声がかかり，少なくした
日数分が埋まった。今は職場CDEで週5日働いている。

　こうしてみると不思議なことに，捨てる神あれば拾う神あり，なのだ。困難
な状況でも，全員から見放されることはなかった。おそらく，仕事を「つなぐ」
「続ける」中で「道」ができたからこそ，その途中で誰かが拾ってくれたのだ
と，今は思う。やめたらそこで終わりだったかもしれない。

　とはいえ，完全に「もう限界！」になるまで続けることは勧めない。そうな
った時には，余力は残っていないことが多いからだ。次の職場を探して，働け
るエネルギーを残して続けることを勧めたい。

　さて，この原稿を書いている今現在，新型コロナウイルス感染症が流行して
いる。我々心理士の業務も，支援方法の変更を余儀なくされているところが多
い（対面→電話相談など）。この流行が落ち着いた後，自分の職場がどうなるの
か，従来の支援方法がどのように変化するのか，今は全く予想がつかない。不
安はあるが，私は相変わらず，細々と仕事をつなぎ，自分の道を運転していき
たいと思っている。

　私の話が少しでも，読んでくださった方々のお役に立てれば幸いである。

心理士として最初の5年間

発達センター心理士　三嶋周子

1. はじめに

　心理の道へ進みたいとぼんやり考え始めたのは大学受験の時だった。幼稚園で特別支援を必要とする子どもたちに携わる母の話を聞いていた影響が大きかったと思う。大学の心理学専攻へ進学し，学ぶ中で，臨床心理士になりたいという目標が明確なものになっていった。臨床心理士指定大学院を修了後は，子どもの支援に携わりたいと思い，児童発達支援センターに就職した。大学院では，精神分析的心理療法を中心に学んだが，就職先はいわゆる療育を行う施設で，大学院で学んだ視点やアプローチとは毛色が違い，初めは戸惑いが大きかったことを覚えている。しかし後々，心理士としての基本姿勢や軸となるものは共通していると気がつくことができ，今の自分につながっている。福祉領域での心理士の仕事に触れながら，心理士として働き始めてからの5年を振り返り，実践の中で見えてきたことや自身の変化について述べていきたいと思う。

2. 子どもたちや保護者とのかかわりの中で

　児童発達支援センターでは，様々な子どもや保護者との出会いがあった。「言葉が出て欲しい」など，仮に主訴が似た内容であっても，子どもの状態や発達段階，保護者のタイプなどは多様で，一つとして同じケースはない。ここでは，児童発達支援センターの中で私が担当している個別指導について紹介し，多様な事例を通して学んだことや心理士として大切にしていることについて述べたいと思う。

(1) 子どもの「やってみたい」を引き出す遊び

　児童発達支援センターとは，主に未就学の障害のある子ども，またはその可能性がある子どもへの発達支援を行う施設で，私はそこで，子どもの課題に合わせて一対一で指導を行う個別指導，発達状況を見るための発達検査などの業務を担当している。子どもの在籍クラスの担任をする心理士もいるが，ここでは私の担当している個別指導について紹介する。

　施設への通所頻度，1回当たりの通所時間は，支援の必要性に応じて様々である（週1日1時間，週3日4時間など）。通所日は基礎集団であるクラスでの生活・活動が基本となり，その中で1時間別室に移動し，個別指導を受ける（個別指導の頻度は月に1・2回である）。「指導」という言葉がつくと，勉強や訓練のようなものを想像するかもしれない。しかし，例えばあなたが少し不器用だとして，「器用になる練習として，小さな紙で1時間ツルをたくさん折りましょう」と言われたらどうだろうか。大人でも，苦手なことやできないことに向き合うのは大変だ。子どもの場合は，さらにエネルギーを要するし，する前から拒むこともあるだろう。そこで大切なのは，子どもが「やってみたい」「もっとやりたい」と思える魅力的な遊びを通して，発達を促進し，課題を克服できるようにすることだ。施設によってやり方は様々だと思うが，私が働いているセンターの個別指導では，個々に合わせた遊びを担当の心理士が用意している（内容に応じて，言語聴覚士や理学療法士，作業療法士も担当する）。まずは，子どもの抱える課題（苦手さ，弱さとも言える）に応じてねらいを決め，子どもの興味や発達段階も加味して遊びの種類を決めていく。例えば，「人とかかわる楽しさ・心地好さを味わうこと」や「模倣を促すこと」などをねらいとして，ボールプールや紙ふぶき，風船などを用意したり，「やり遂げる経験を積み，自信を育むこと」や「イメージする力を高めること」「手先の操作性を高めること」などをねらいに，制作遊びや砂・粘土等を用いた見立て遊びを設定したりする。さらに，ねらいや発達段階に合わせて，遊びの展開の仕方や事前に必要な準備を考える。そして実際に個別指導をする中で，子どもの興味や遊び方，手応えを観察し，「これは楽しそうだったから，次回も取り入れよう」「ここが難しそうだったから，次回はここまで準備しておこう」「これが楽しめたから，次回はこうしてみよう」と次につなげていくのである。

(2) 何が起きているかを考える―子どもの心の動きに思いを馳せて―

　次は，もう少し経過をイメージしやすいよう事例を挙げたいと思う。年長児のAくんは気持ちのコントロールが苦手なお子さんだった。「うるせえ，ばばあ！」など汚い言葉が出やすく，「もういい！」と途中で投げ出すこともあり，どうしたら楽しんで取り組めるかと悩み，憂鬱な気持ちになることもあった。ある時，偶然見た先輩の個別指導で，先輩が担当児と，親子や友達のように，リラックスした雰囲気で楽しく遊んでいる姿を目にした。Aくんのケースでは，私自身のうまく対応できるかという不安や構えが，Aくんに伝わっていたのかもしれないと気がついた。「まずは私がリラックスして楽しもう」と思い，汚い言葉が出た時も，一緒に遊びを楽しむ雰囲気を大切にした。すると，Aくんも少しずつ取り組める場面が増え，「こうしたい」という願いも言葉にできるようになった。次第に，Aくんへの理解も深まっていった。Aくんはもともと，「ちゃんとできるかな」という不安が強く，それが汚い言葉という形で表現されていたことが見えてきた。参照できる友達もいない一対一の状況で，何をさせられるのか，うまくできるのかと不安になっていたところに，さらに私の不安が伝わり，余計に不安を高めていたのだと思う。また，「上手にできるか心配だよね，でも大丈夫」と不安を受け止め，励ましてもらうことで安心する子どももいるが，Aくんは，不安だけれども「やってみたい」「大きい自分でありたい」という気持ちを支える方法が適していたように思う。自分を多面的に捉えられるようになり，かっこいい自分になりたいのになれないしんどさで心が揺れる発達段階だったことも，このサポートが入りやすかった理由であろう。私が敢えて失敗し，「教えて」「手伝って」とAくんの中の「できる自分」に働きかけると，頑張って取り組む姿が見られた。年度の後半になると，次回は何を作りたいか，どう作るかをAくんと話し合い，相談しながら一緒に完成させるという経験を積む中で，気持ちもだいぶ落ち着いたように思う。

　その他にも，部屋から部屋への移動が難しい，クラスから一人だけ抜けて個別指導に向かうことが難しいといった変化が苦手な子どもや，人や物への興味が広がりにくい子どもなど，いろいろな子どもとの出会いがあった。クラスの中で何に興味を持ち，何をしている時に安心しているのかを観察したり，クラス担任と情報を共有したりして，個別指導に取り入れることもよくある。一人

で個別指導に行くことが不安で泣いている子どもも，クラスで親しんでいる歌を聞くと少し涙が引っ込み，周りに目が向くことがあった。歌って抱っこしながら，その子が部屋の中の何を見ているか，何を感じているかを言葉にして寄り添い，時間をかけて安心できる関係や場所を築いていった。「何が起こるのかわからない」不安は，知っている歌や肌の温もりで少しずつ和らぎ，大丈夫だった記憶や楽しかった記憶が増えるにつれ，外の世界に少しずつ心が開いていくようだった。「好きな歌を歌ってくれる人かな？」「好きなふれあい遊びをしてくれる人かな？」と確かめながら一生懸命に相手とかかわろうとする姿が見られ始め，少しずつ相手がしていることに気持ちが向き，新しい玩具にドキドキしながら触れてみたり，遊んでみたりする姿が増えていく。そこからさらに，好きな遊びが増え，「もっとやりたい」「あれもやりたい」と意欲的に取り組めるようになったり，逆に「これは嫌」というやりたくない気持ちも伝えられるようになったりと，一歩一歩前に進んでいく。担当するのは1年から3年と様々だが，長い時間をかけて子どもたちの成長を見ていくことができるのは，この仕事のやりがいである。

　もちろん，順調にいかないことや，順調にいっていても突然ぷつんと途切れることもあるが，どんなことにも必ず意味がある。その時は，改めてその子の感じていること，行動の意味や背景，その子と自分との間で起きていることなどに考えを巡らせ，見立てを修正し，やり方を変えていく。その際，同僚の考えややり方からヒントを得たり，勉強したりすることも必要だ。学生の頃と働き始めてからの大きな違いは，目の前にいる一人の子どものことをもっと理解したいという思いが学びにつながることだ。冒頭で触れた，心理士としての基本姿勢とは，この「何が起きているかを考える」ことであり，私の大切にしていることでもある。

　また，保護者との面接も同様である。保護者は子どもの一番の専門家であり，子どもの理解や支援のために，協力し合うことが必要不可欠な存在だ。子どもの課題や困っていることについて，どのような時に見られるのか，どのような様子で収束するのか，こんな対応をしたらどうなりそうかなど，「何が起きているのか」という視点で，ご家庭での様子を教えていただきながら一緒に考える。ちなみに，子どもについて一緒に考え，大変だったこと，辛かったこ

と，嬉しかったこと，感動したことなどを共有させていただけるというのも，この仕事の醍醐味だと私は思っている。

3. 職場での立場の変化を通して

　続いて，私自身のことを振り返ってみようと思う。現在の職場で働き始め，5年が経った。1年目は自分の業務をこなすことで精一杯の毎日で，心理士の先輩がたくさんいることに甘えて，それ以外の業務に目が向いていなかった。大きな転機は2年目だった。自分を指導してくださっていた先輩も含め，数名の先輩がセンターを離れることになった。まだ新人だと思っていたが，新しくリーダーになった先輩は，新人とは別に，1年経験した心理士として私にかかわってくださった。「知っている側」「相談される側」とみなされることは，自信のない自分にとって非常にプレッシャーにもなったが，一つひとつのケースにもっと真摯に向き合わなければ，もっと勉強しなければと気を引き締めるきっかけになった。1年目は「大学院を修了したばかりで一生懸命仕事をしている」という感覚に近かったが，責任ある一人の心理士としての自覚が芽生えたと言えると思う。勉強したいことや先輩から取り入れたいもの（ケースへの向き合い方・考え方・アプローチの方法等）が格段に増えた。

　また，集団支援，保育所等訪問支援などの新たな業務も担当することになった。集団支援や保育所等訪問支援（子どもの在籍園を訪問して，行動観察をしたり，訪問先の職員と連携をとったりすることで，子どもを支援すること）は初めての経験であったが，心理の専門家として動くことを当然求められる。一対一で見る個別指導と異なり，集団場面では一つの活動で複数人の子どもたちが一斉に動いており，心理士としての視点・役割は何かを考えさせられることも多かった。集団支援では，その日の最後に保護者へのフィードバックを行い，保育所等訪問支援では，行動観察後に訪問先の職員と話し合いを行う。集団場面ゆえに，他児と比べて「できたか／できなかったか」や目立った行動に目が向きがちになるが，その子どもなりの変化や行動の原因・意味，その姿が今後どんな道筋を辿っていくのか，その過程をどう支えたらよいのかなどを一緒に考え，お伝えする中で，少しずつこれが心理士の役割だと感じられるよう

になった。

　5 年目になった今は，自分がリーダーの立場となり，後輩などを指導することも仕事の一つになった。同じ心理士でも，性格や学んできた背景，見立てる際に焦点を当てるポイントや考え方の癖，子どもとかかわるうえで大切にしたいものなどは当然異なり，見立ても，正解は一つではない世界である。それでも，子どもの支援のために同じ方向を見て進んでいくことが求められるため，誰かを指導することはとても難しい仕事だと実感している。しかし，その中で得られるものもたくさんある。他者に自分の見立てや考えを伝えるためには，自分の中でぼんやりしているものを整理し，曖昧な部分があれば考え直したり，勉強し直したり，新たに勉強したりしなければならない。また，相手がどんな人であるのかを考え，「この人にはどんな伝え方が適しているか」と指導方法を思案することも，時には必要だ。この過程は，これまで得てきた知識を確実にし，さらに広げることにつながるとともに，「相手について観察し，考えを巡らせる」という心理士の基本姿勢の練習にもなっていると思う。5 年という短い間ではあるが，様々な経験の中で模索することを通して，私の心理士としての自覚は，一歩一歩確実なものへと変わっている。

4. おわりに

　原稿執筆の話があった頃，ちょうど指導する難しさに悩んでおり，私自身も成長できているのか，これまでどのように仕事を続けてきたのかと考えていた。改めて振り返ると，自分なりに見えてきているものがあることがわかった。目に見える行動・出来事に惑わされず，心の動きに思いを馳せ「何が起きているかを考える」大切さや，行動の意味や今後の道筋，その過程を支えるヒントを伝える役割などだ。学生の頃に学んだことが，現場での経験を通して自分の中にすとんと落ちたとも言える。その時々は目の前の仕事をこなすことに精一杯だったが，試行錯誤の過程で，自分の大切にしたいことが見えてきていたことは嬉しく，少しほっとした。それにより，心理士として新たな仕事に挑戦してみたいという気持ちも出てきた。

　また，職場ではリーダーの立場にこそなったが，他職種も含めたくさんの方

から支えていただき，多くのものを与えて頂いている。様々な場で，先生方からのご指導をはじめ，先輩から育てていただいていること，心理士として働く仲間や友人，家族に支えられていることが，私の心理士としての日々につながっている。そのことに，改めて感謝の気持ちを抱くことができた。そして何より，日々出会う子どもたちから，溢れんばかりのエネルギーやいろいろな気持ち，大変さを乗り越える力があることを教えてもらい，それがこの仕事を続けることや自身の成長につながっていると感じている。これからも人との出会いやつながり，一つひとつの仕事・ケースに丁寧に向き合うことを大切にし，心理士として経験を積んでいきたいと思う。

3 臨床歴 10 年目を迎えて

児童精神科クリニック心理士　石塚祐衣

1. はじめに

　現在，私は児童精神科のクリニックで心理士として働いている。学生時代の小学校での学校サポーター，大学での相談室，外部の大学病院での実習などの活動を通して，子ども一人ひとりが持ち味を活かしながら，社会の中で生活していくのを支援し，その過程にかかわりたいと思うようになった。クリニックでは，発達障害の子どもたちの理解と支援が主な役割である。発達障害の特性は生涯にわたってもち続けるものであるため，一人の患者さんと長いお付き合いになることもある。子どもから青年になり，そして大人へと成長していく子どもたちとかかわり続けられることは，他の心理職の仕事ではなかなか経験できないことかもしれない。

2. 仕事を始めてから現在に至るまで

　私の仕事は，子どものアセスメント，子どもや保護者との相談が主だが，その他，ペアレント・トレーニング，EarlyBird プログラム，EarlyBird Plus プログラムなど親支援プログラムのグループのファシリテーターをすることも大切な役目である。最近では依頼を受けて，クリニックの外に出て，保護者，専門家，保育士などを対象に，発達障害，子どもとのかかわり方，ペアレント・トレーニングの考え方などをテーマに講演をする機会もある。もちろん，はじめからこんなにたくさんの仕事ができていたわけではなく，最初の 1 年は研修生として診察や面接の陪席を務めていた。

　東日本大震災の発生直後である 2011 年 4 月の就職だったため，「地震だ」と

EarlyBird プログラム，EarlyBird Plus プログラム

　子どもが自閉症の診断を受けた直後の保護者を対象として英国自閉症協会が開発した早期介入プログラム。診断直後，なるべく早い時期から自閉症の子どもを育てるための効果的な方法を確立することを目指している。自閉症を理解すること，コミュニケーションを促すこと，行動を管理することを3本柱として，全8回のグループセッションと数回の家庭訪問を行う。日本では，EarlyBirdプログラムは就学前の子どもをもつ保護者が対象，EarlyBird Plus プログラムは就学後から10歳未満までの子どもをもつ保護者が対象となる。

言ってドールハウスを揺らして遊ぶ子どもを見たり，一方では地震に全く気付かずに遊び続けていた子どもがいたという話を聞いたりと，東日本大震災の影響を強く感じた。初診の陪席では，医師と子どもとのやりとり，保護者からの聞き取り，心理士が子どもと接する様子を見ていた。主訴や保護者への成育歴の聞き方には学ぶことが多く，どう質問すれば子どもは答えられるのかなど，聞き方によって異なる子どもの反応は興味深いものだった。心理士が子どもとやりとりをする時の声の掛け方，遊びの展開のさせ方などが見られたこともよかったと思っている。アセスメントの陪席では，心理士が子どもに様々な検査を実施するところを見た。検査の実施方法だけでなく，初診での子どもの様子を踏まえた環境調整の仕方についても学ぶことが多くあった。例えば，多動・衝動性のある子どもの場合，着席して検査を受け続けることは難しい。そのような場合には，短時間で課題を行い，休憩時間を設けたり，身体が動いていても応じられる子どもの場合には多少歩き回りながらでもOKとしたり，椅子ではなく床に座って，机の下にもぐっていた方が落ち着いていられる子どもの場合には，そこに検査用具を置いて実施したりすることもある。初めて検査場面を見る私にとっては，そんなのアリなの⁉ と驚きの連続だった。陪席していて感動したのは，自由に動き回る子どもがほんの一瞬でも着席すると，その瞬間を見逃さず，心理士が「座れたね」「座ってえらいね」のようにほめていたことだった。不思議なもので，ちょっとしたことをほめ続けながら検査を進めていくと，検査が終わる頃には子どもが着席していられる時間が長くなっているの

である。子どもの特性を認めつつ，できることを増やしていくこと，温かくかかわり続けることの大切さを学んだことを今でもよく覚えている。

　実際に患者さんを担当するようになったばかりの頃は，初診に引き続き，検査をして結果をまとめ，報告するという一連の流れが主な仕事だった。検査は，発達検査や知能検査，社会的な状況を認識する力，衝動性のコントロールや注意の力を見るための検査など，数種類の検査を 5，6 回にわたって実施する。そのため，検査を取って報告書をまとめるだけで精一杯の 1，2 年だった。

　その頃のことでよく覚えているのが，初診にいらした知的障害と自閉症スペクトラム障害の両方に重度の症状があるお子さんに刺激を与えすぎて混乱させてしまったことだ。今になって考えれば，その子は初めての場所で不安だっただろうし，部屋の中を行ったり来たりしながら気持ちを落ち着けて自分を保とうとしていたのだろうと推測できる。その場に慣れてくるまでゆっくり見守ろう，そして少しずつ本人が興味をもっていることを使ってかかわろうと，今なら考えるだろう。だが，当時の私は様子を見ていて，子どもの不穏さだけを感じ取り，部屋の中にあるおもちゃを使って見せて興味をもってもらおうと刺激を与えすぎてしまった。しかも，その子が全く興味をもっていないものばかりを見せてしまっていた。学生時代の実習などを通して発達障害のある子どもたちをある程度見てきたつもりだったが，基本的な子どもとのかかわりに加えて，障害のある子どもとのかかわり方，発達障害に関する知識など，まだまだわかっていないことが多いと思い知った一件だった。これをきっかけに「もっと勉強しなければ」と思ったことを覚えている。その子は，現在も数か月に一度のペースで面接に来ている。初診の後，先輩が親担当，私が子ども担当となりペアを組んで面接を続けている。現在に至るまでずっと親子同室での面接をしているため，先輩が両親と特性の理解，環境調整，問題行動の捉え方などをテーマに話を進めていく姿を間近で見ることができている。その度に，初心に返り，子どもの様子と障害特性，現在の行動に影響している要因は何かなどを考えることの大切さを感じている。私は子どもと一緒におもちゃを指ではじいたり，手と手を合わせてタッチしたりしながら穏やかな時間を過ごしている。最近では，いないいないばぁのような遊びを楽しめるようになり，子どもの方から他者を見たり，コミュニケーションを発信することが増え，成長を感じている。

3. 臨床をするうえで大切にしていること

　仕事を始めた頃は，クリニックでの多様な子どもたちの状態像と保護者の心配や困り感に自分自身がいっぱいいっぱいで，子どもとのかかわり方を間違えたり，保護者に求められていることに応じられなかったりしていた。現在も，日々驚くようなことや頭を抱えたくなったりすることはあるが，以前ほどは動揺しなくなったように思う。初診を受け，検査をして結果を報告し，その後面接を続けるという流れは以前と変わらないが，検査をしながらゆったりと子どもの様子を観察できるようになった。この子が好きなこと，興味関心をもっていること，長所は何かを見ようとすることも少しずつできるようになってきている。検査結果を報告する時にも，保護者の気づきを聞きながら主訴に沿って説明したり，子どもや保護者ができそうな現実的な提案をしたりなど，落ち着いて話が進められるようになってきていると感じる。書いてみると至極当たり前なことだが，最初の頃はそれが本当に難しかった。現在も，以前に比べれば少しはできるようになっていると感じているだけで，まだまだ至らないことも多いはずだ。

　以前ほど動じなくなったのはなぜかと考えてみると，理由の一つに職場の人とのコミュニケーションが挙げられる。現在働いている職場には心理のスタッフがたくさんいるため，日々の雑談の中から得られることが多く，困った時には気軽に相談でき，いろいろな人から意見を聞けるため，それを参考にしながら自分は何をすべきかを考えることができる。一人で考えていたら，自分の考えは適切かどうかと不安になってしまうところだが，そういった不安はかなり軽減されている。また，先輩とペアを組んで仕事をすることもあるため，話を聞く姿勢や伝えなければいけないことを伝えるタイミングなど，見て学ぶことも多い。誰かと一緒に仕事をすることで，自分に足りないものが見え，それが次につながるように思う。心理職は一人職場になることもある仕事だが，気軽に話ができる先輩や同僚をもつことは必要だ。

　もう一つの理由として，少しずつ経験を重ね，多くの患者さんを担当するようになり，仕事をすればするほど知りたいことや知っておかなければならないことが増えてくることが挙げられる。少しずつでも新しいことを取り入れた

り，知っていることを深めたり，一つのことを多面的に見られるようにすることは大切で，勉強し続けることは必要だ。学生時代に学んだことが，役に立つこともたくさんある。私は大学院に入ってからペアレント・トレーニングを学び始めたが，それは，現在も子どもとかかわる時の基本的な考え方として常に意識している。「もっと勉強しなければ」と思っていた頃にクリニックで始まった EarlyBird プログラム，その後始まった EarlyBird Plus プログラムは，自閉症スペクトラム障害の理解，コミュニケーションの促し方，行動の捉え方を伝える際に非常に役立っている。ありがたいことに二つともライセンス取得のためイギリスでの研修を受けさせてもらった。もっとちゃんと英語を勉強しておくべきだった……という反省はあるが，実際にプログラムを体験形式で学べたことは貴重な経験になっている。

　また，クリニックにはトラウマ体験をもつ子どももいるため，TF-CBT にも取り組んでいる。プログラムで推奨されているほど短期間に進められているわけではないが，対象者が現実を受け入れ，整理して，自分の中に位置づけていく過程にかかわっている。プログラムと始めた当初と終了に近づいていく頃とでは，表情や声の大きさ，考え方に変化が表れる。トラウマ体験が人生に及ぼす影響の大きさを感じ，トラウマという視点もこれからの臨床には必要なことだと考えている。この他にもいろいろなことを学んだが，新しいことを知るこ

TF-CBT トラウマフォーカスト認知行動療法

　米国のジュディス・A・コーエン，アンソニー・P・マナリノ，エスター・デブリンジャーにより開発された子どものトラウマに焦点化した認知行動療法である。トラウマとなるような経験を持ち，PTSD，うつ，不安の症状を呈している子どもがトラウマとそれを回避することを乗り越えていくのを支援するためのプログラム。子どもたちの行動，情緒面での反応に効果的に対応できるように保護者への支援も同時に行う。'PRACTICE' の構成要素に沿って進め，以前に習得されたスキルの上に構成されていく（P：心理教育とペアレンティングスキル，R：リラクセーション，A：感情調整，C：認知の処理，T：トラウマナラティブ，I：トラウマの想起刺激の克服，C：親子合同セッション，E：将来の安全と成長の強化）。

とはおもしろく，次はどんなことを勉強することになるのか，楽しみにしている。

■ 4. 仕事をするうえでの楽しみ

　このように仕事をしたり勉強したりして心理職を続けていられるのは，何と言っても子どもの成長を直に感じられるからだ。コミュニケーションが苦手な子どもたちと会うことが多いが，子どもの方から視線を合わせてきたり，向かい合って1冊の本を一緒に見たり，一つのおもちゃで一緒に遊べたり，帰りにバイバイをしてくれたり，些細なことだが，少し前には見られなかった行動が見られるようになったことを発見すると本当に嬉しい。独特な興味関心をもっている子どもも多く，嬉々としてそれを語る姿を見ながら，知らないことを子どもから教えてもらうことも楽しみの一つだ。

　先日，数年にわたって面接に通っている子どもが「俺の人生そんなに悪くないんじゃないかと思う」と言った。帰りがけにポロっとこぼしたこの一言に，涙が出そうになった。小さな頃は，こだわりが強く，思うようにいかないことばかりで，気持ちが落ち着かないと訴えていたが，最近では，自分のことを客観的に捉えることができるようになり，他者との関わりも良好で，これから先の将来に向けて考え始めた矢先での一言だった。「人生そんなに悪くない」と言えるくらいの自己肯定感をもって成長している姿を見て，社会に出ても何とかやっていけそうだな，と役目を一つ終えたような気持ちになった。

　保護者と面接をすることもよくある。診断を受け入れられず，落ち込んだり，自分を責めたり，困惑したりする人もいる。時間がかかることもあるが，保護者が子どもの特性を理解して，障害を認めてかかわるようになると，親子の関係性がポジティブになる。困っていることを話していた保護者が，問題の背景を考えて対応し，その結果を話すようになると，問題行動の予防や適応行動への支援へと話題が変化していくように思う。「今日はいいことしか話すことがないです」と言って嬉しそうに子どもの様子を話していたり，特性をユーモアとして笑い話のように話していたりするのは，一緒に子どもの成長を喜び合える瞬間である。

5. おわりに

　現在の職場で働き始めてから 10 年目になったが，一か所で長く働くこと，自分にとってのベースとなるような職場をもっていることは臨床を続けていくうえで必要なことのように思う。私にとって，一人の成長を追い続けることができるのはおもしろく，子どもが成長するにつれて面接の内容が変化したり，ピンチな時期をどう乗り越えるのか，その後どんな人生を歩むのかなどを見続けられたりするのは一か所で働き続けているからこそだろう。複数の仕事を掛けもつことも多い職種だが，ベースをもちつつ，仕事の幅を広げたり，新しいことを知ったりすることで，芯のある仕事になるのではないだろうか。また，いくつになっても勉強し続けることは必要だ。日々研究は進んでおり，知識は更新していかなければならない。仕事をしていると知りたいことや知っていた方が役立つことも見えてくる。そうしたことを積極的に取り入れることは，多様なニーズに動じずに対応できることにつながると思う。心理の仕事は，すぐによくなるわけではない状態の人を相手にすることが多い。長く続くよくない状態に自分の方が疲れてしまうこともある。同時並行的に数人の患者さんのことを考えていると，常にやらなければいけないことがいくつか頭に並んでいる感覚になる。「仕事は仕事の時間内で」と思っていても，帰宅が遅くなったり，仕事を家に持ち帰ったりして，頭の中の半分以上を仕事が占めていることもある。家族や友達との会話や日常の家事，趣味がそれを忘れさせてくれることもあるが，気持ちが切り替えられないままになってしまうこともある。キャパシティが小さく，要領のよくない私にとっては，気持ちの切り替えは今後も課題である。でも，だからこそ，どんなに小さなことであっても成長を見つけて，それを一緒に喜び合えるような関係作りを患者さん本人や家族，職場の人たち，その他の関係機関の人たちとしていくことが大切だ。そうした喜びが支援者を支え，支援者の成長につながるのだと思う。

人への好奇心と柔軟性を大事にして きた心理職の「支援者」としての日々

スクールカウンセラー，保健センター心理相談員　宇野敦子

 1. はじめに

　私は中央大学文学部教育学科心理学コースに入学し，都筑ゼミに学部2年間，修士課程2年間，博士後期課程5年間在籍していた。

　博士後期課程入学と同時に，非常勤で教育相談センターの心理臨床相談員として働き始めたのが心理職の「支援者」としてのスタートである。その後は，公立中学校のスクールカウンセラー，保健センターの心理相談員，幼稚園や保育園や学童クラブでの巡回相談員，看護学科や保育科での非常勤講師などをしてきた。

　現在は，非常勤で公立中学校のスクールカウンセラーと保健センターの心理相談員をしている。

 2. 心理職の支援者として積み重ねてきた日々

　振り返ってみると，心理職の「支援者」として仕事を始めてから20年近くの月日が経っている。誰一人として同じ人はおらず，何一つとして同じ事象はない中で，日々試行錯誤しながら仕事に向き合ってきた。

　何年経験しても，何十年経験しても，心理職の「支援者」としての正解やゴールは見つけることができないままでいる。そして，きっとこれから先も，見つけることはできないと思っている。

　それと同時に，経験を重ねてきたことで，心理職の「支援者」として，自分なりの軸や枠組みはもつことができるようになったと思っている。そのおかげで，少しだけ自信をもつことができるようになったと感じている。

　ここでは，どのような経験を積み重ねることで，自分なりの軸や枠組みをもつことができるようになったかを整理していきたいと思う。

▐ 3. 心理職の「支援者」として大切にしていること

(1)「人」を知ることへの好奇心を大切にする

　博士後期課程入学と同時に，教育相談センターの心理臨床相談員として働き始めたのは，臨床心理士の資格取得のために実務経験を積むということが目的であった。はじめは資格取得要件の2年だけ働くつもりだった。しかし，結果的には5年間，教育相談センターで働くこととなった。

　なぜ5年間も働き続けたのか，答えは「楽しかった」その一言に尽きる。人の相談を受ける仕事をしていて，「楽しかった」と言うと不謹慎に思われるかもしれないが，相談業務や相談内容が「楽しかった」ということではなく，相談を通して「人」を知っていくことが「楽しかった」のである。

　心理職として相談にかかわるようになった頃，「人ってこういうことで悩むものなのだ」「こういう考え方もあるのか」「こんな家庭があるのか」などと，毎日が驚きや発見の連続だった。相談という場では，日常の人間関係ではあまり知ることのない，その人の置かれている環境や成育，そしてその人の考え方や価値観などが語られることがある。

　小説や映画やドラマ，そして大学や大学院で学んできた知識として，世の中にはいろいろな人がいることはわかっていた。しかし，本人を目の前にしながら，その人が語ることからその人を知っていくということは，よりリアルで，より好奇心を刺激されるものだった。そして，自分の目の前にいる人が，どのような環境や成育の中で生きてきて「今」があるのか，その人にとって「今」かかえている悩みや不安にどういう意味があるのかといったことを，その人の語りから知っていくことが楽しかったし，もっと知りたいという思いがあったのである。

　今でも，心理職の「支援者」として相談の仕事をする時に，人を知りたいという好奇心，そして人を知っていくことが楽しいという思いがあり，この思いが自分を突き動かしていると感じている。

(2)「当たり前」や「常識」にとらわれないことを大切にする

　不登校の小学生の相談を受けていた時，子どもが「朝お母さんが起きてくれないから学校に行けない」と言ったことがある。この言葉を聞いた時，母親に対して怒りの感情をもったことを今でも鮮明に覚えている。「母親なら学校に子どもを行かせる義務があるのに，起きないなんて許せない！」と思ったのである。

　今振り返ると，この思いはその当時の私の「当たり前」や「常識」から出てきたものだった。「母親なら子どもを学校に行かせる義務がある！」「母親が子どもを起こすものだ！」「母親が起きないなんてありえない！」といったその当時の私の「当たり前」や「常識」である。

　たくさんの相談にかかわってきたこと，そして自分自身も母親になったことで，この思いがあくまでその当時の私個人の「当たり前」や「常識」であったことを今では理解できる。「学校に行かせるのは母親だけの義務ではない」「母親だって体調などによって起きられないこともある」「父親やきょうだいが起こす家庭もある」「朝自分で起きて，学校に行く子もいる」「精神的に不安定な母親ならば，朝寝ていた方がスムーズに学校に行けることもある」などと，今ならば考えることができる。

　「母親なら学校に子どもを行かせる義務があるのに，起きないなんて許せない！」と捉えると，母親が朝起きて，子どもを学校に行かせない限り不登校が解決しないことになってしまう。しかし，様々な角度から捉えると，母親に代わる人的資源を探す方向での相談，子ども自身が自分で朝起きて学校に行ける力をつけていく方向での相談など，相談の方向性の選択肢が増えてくるのである。

　また，自分の「当たり前」や「常識」から相談者を理解してしまうと，相談者との「当たり前」や「常識」のズレや違いから，相談者に対して否定的な感情をもってしまうことがある。このことが結果的に，相談者との関係作りにマイナスの影響を及ぼすこともあるのである。

　相談者をきちんと理解するためには，自分にとっての「当たり前」や「常識」にとらわれず，いったんその人にとっての「当たり前」や「常識」を理解することが，相談者との関係作りや相談の方向性を考えるうえで大切だと今では考

えている。

(3) 誰のための相談なのかを意識する

　保健センターや学校では，子どものことで困っている，子どものことを心配している親が相談者となることが多い。このような相談では，「相談者として語る親」と「相談対象として語られる子ども」の二つの存在があるため，誰のための相談なのかを意識することが大切になってくる。

　保健センターの相談では，「言葉の遅れ」に関する相談が多い。この「言葉の遅れ」の相談を受けた時，最初に子どもの「言葉の遅れ」で困っているのは誰なのかを見極めるようにしている。

　一つ目は，周りの子どもと比べて自分の子どもの言葉が遅い，育児書に書かれている言葉が出る時期になっても自分の子どもの言葉が出ないことで，親が不安を抱え，悩んでいるという場合である。このような場合，意味のある言葉の表出の有無だけではなく，喃語や指さしが出ているのか，喃語や指さしをどのような状況で使っているのか，視線は合うのか，要求をどのように伝えてくるのか，子どもの思いを親は理解することができるか，といったことを聞くようにしている。言葉というのは，他者に自分の思いを伝えるための手段である。意味のある言葉だけでなく，喃語や指さしなど非言語的な手段で自分の思いを伝えることができているかということも大切な視点になってくる。意味のある言葉の数や意味のある言葉が出た時期から言語発達を捉えると，「少ない」「遅い」というマイナスの判断になってしまうが，子どもが自分の思いを伝えることができているかという視点から言語発達を捉えると，その子なりに発達してきている部分が見えてくるのである。このように，子どもの「言葉の遅れ」で親が不安を抱え，悩んでいるという相談では，言語発達を対人社会性という広い視点から捉え，その子なりに発達していることを一つひとつ丁寧に確認していくことが大切である。今後どのように発達していくのかという見通しを共有していくような相談をするように心がけている。

　二つ目は，「言葉の遅れ」により，子どもが困っている場合である。そのような子どもは自分の思いが伝えられないもどかしさ，自分の思いを理解してもらえない苛立ちなどを，かんしゃくや暴力といった行動で示すことがある。この

ような場合，かんしゃくや暴力といった行動の背景にある，子どもが伝えたい思いは何なのかを丁寧に理解していくことの大切さを伝えるようにしている。そして，かんしゃくや暴力ではなく，言葉で自分の思いを伝えるようになるには，親としてどのようなかかわりをしていくことがよいのかを考えていくような相談をするように心がけている。

　以上のように，困っているのが誰かを意識することで，相談の方向性を考えていくことは大切な視点となってくる。

(4)　次につながる相談になるように心がける

　保健センターの健診では，医師や保健師から何らかの指摘を受けて，心理相談につながることがある。親自身の希望ではなく，指摘を受けたことで心理相談につながるのである。このような流れでの心理相談では，「私は気にしていません」「いつかできるようになるから大丈夫です」と言う親がいる。

　このような場合，たとえ不本意であったとしても，心理相談をすることになった親子に対して，「行かなければよかった」「傷ついた」と思われないことが，何よりも大事だと思っている。人は他者から指摘をされた場合，気にしないようにしても，どうしても気になってしまうものである。この他者が専門家であったならば，なおさらである。「気にしていない」「心配していない」という自分の思いを，専門家から何かしらの指摘を受けても貫き通せる人はなかなかいないものである。この場合，専門家から受けた指摘そのものが気になったり心配になったりするということだけでなく，子どもを「気にしていない」「心配していない」と捉えてきたことが間違っていたのではないか，きちんと子どものことを理解できていなかったのではないかなどと考え，親としての自信を失わせてしまう可能性もあるのである。相談したことで，親の不安や心配を助長したり，自信を失わせたりすることは，絶対に避けるべきことである。

　このような場合の心理相談では，まずは，なぜ「気にしていない」「心配していない」と考えているのか丁寧に聞き取り，今はそう捉えている親の思いを受け止めることで，関係を作っていくようにしている。このような関係作りは，カウンセリングの共感と受容ということになるが，健診での相談の場合，継続的な相談ではないということを考えると，カウンセリング的な共感と受容だけ

では不十分だと考えている。

　子どもの行動観察や子どもとのかかわりから，心理の専門家として「心配ない」と判断できるのであれば，親の「心配していない」という思いを共感し，受容することができる。しかし，健診での相談では，わずかな時間の中で子どもをアセスメントしなくてはならない。その中で，ある程度の傾向や特徴を捉えることはできるが，100％確かなアセスメントをすることは難しい。時間的な制限だけではなく，子どもの発達は未知数なところがあり，「今ここ」の状態だけで100％確かなアセスメントすることはできないのである。

　そのような状態で，親の「心配していない」という思いに共感してしまうことは，無責任なことになってしまう。専門家にお墨付きをもらった「気にしていない」「心配していない」となってしまうのである。不安や心配や自信のなさを助長するようなかかわりはよくないが，それと同時に根拠のない安心や自信を与えてしまうこともよくないのである。

　そこで，大事になってくるのが，発達心理学や発達理論に基づくアセスメントとアドバイスだと考えている。

(5) 発達心理学や発達理論に基づくアセスメントとアドバイス
発達心理学や発達理論に基づくアセスメント

　保健センターの健診での相談は，その場1回限り，もしくは半年近く間を空けての相談になる。そうなると，回数を重ねていく中で関係を作っていく，複数回のアセスメントをしていくということができない。

　短いときは15分，長いときでも45分という時間の中で，子どものアセスメントをして，方向性を決めていかなくてはならない。

　そのために相談室に入室する瞬間からアセスメントを始めなくてはならない。入室する時に新しい空間や他者に対して子どもがどのような反応を示すのか，親の存在を子どもがどのように捉えているのか，与えられたおもちゃや物に対して子どもがどのような反応を示すのかなどを，見るようにしている。

　この時に，ただ行動を観察するのではなく，人見知り，場所見知り，親疎の区別，感覚過敏，愛着理論などといった，発達心理学や発達理論の視点から子どもの行動を捉えるようにしている。

　アセスメントの根拠が一定であると，それぞれの子どもが自分の判断基準の
だいたいどこに位置しているのかということを瞬時に判断することができるの
である。短時間で子どもをアセスメントできると，親との関係作り，さらには
今後の見通しを共有することに，時間を割くことができるようになり，短い時
間でもそれなりのまとまりのある相談ができるようになるのである。

発達心理学や発達理論に基づくアドバイス

　健診の相談では，子どもの発達のアセスメントや親との関係作りと同時に，
相談を受けたことで親子に心理職として何を伝えられるのか，何を残せるのか
ということも意識するようにしている。

　子どもについての相談をしたことのある保護者に，その相談でどのようなこ
とを言われたのか聞くと，「様子を見ましょう」「個性ですね」「そのうち成長し
ますよ」などと言われたと話す人が多い。このような発言は，現時点での子ど
もの問題や課題を指摘するものではないので，親としてショックを受けたり，
不安を強めたりすることはあまりない。しかし，せっかく相談に行ったのに，
特に何も言われなかったと捉えて，不満に感じている人が少なからずいる。

　相談を受けていると，経過観察としたり，現時点では問題なしと判断したり
することがある。そうした場合に，上記のような発言になるのだが，「どう様子
を見るのか」「どういう部分が個性なのか」「今後どう成長していくのか」とい
った視点も入れて，話をするようにしている。

　ここで大切になってくるのが，発達理論や発達心理学の知識に基づいて専門
家としての話ができているかどうかだと考えている。

(6)　先の見通しから，「今」を考える

　先の見通しを共有することで，今の課題，今大事にするべきことを考えるよ
うにしている。保健センターでの相談では，幼稚園入園や小学校入学といった
ライフイベントを見据えて，相談を進めることが多い。家の中で親と過ごして
いる分には，親が「困らない」「気にならない」ことも，親と離れて集団の中で
過ごすようになった時に子どもが「困らない」「気にならない」かどうかはきち
んと見極める必要がある。

　親と離れて集団の中で過ごすようになった時に，子どもが少しでも困らないようにしてあげることは大切だし，この視点から話をするとだいたいの親は納得してくれることが多いのである。

　困ったことや嫌なことを親以外にも伝えられる力をつけてあげること，集団の中で先生にどう理解してもらうのがよいかを親として把握しておくこと，必要に応じて幼稚園や学校に事前に伝えておくこと，などを話し合うようにしている。

　初めての集団生活で挫折体験や嫌な経験を繰り返すと，集団生活を肯定的に捉えられなくなり，今後の集団生活に少なからずマイナスの影響を及ぼす可能性がある。可能な範囲で「今」の状態を把握し，「今」できることを考えていくことは大切な視点だと考えている。

4.　おわりに

　心理職の「支援者」として自分が大切にしてきたことを振り返ってみると，「人」と出会い，「人」を知っていくことの楽しさが何よりも自分の中で大きいと改めて感じた。この思いは何年経ってももち続けている。

　そして，その「人」を知っていく過程では，自分の価値観や常識にとらわれない柔軟性をもつことが，相談者との関係作りだけでなく，いろいろな選択肢を増やすために大切なのである。

　誰一人として同じ人はおらず，何一つとして同じ事象はないからこそ，日々試行錯誤し，いつまで経ってもゴールにたどりつけないもどかしさが心理職の「支援者」の醍醐味ではないかと感じている。

心理臨床における贈り物

発達クリニック心理士　尾崎香子

 ## 1. はじめに―贈り物と返礼―

　クリスマスが近いある日のこと，英会話の先生と贈り物について話をする機会があった。アメリカ人である先生は，日本人の贈り物の習慣や，考え方について知りたがっていた。というのも，彼はレッスンを受けに来た人から，しばしば小さな贈り物をもらうのだそうだ。それをその場でどのように受け取ったらよいのか，その後お返しをするべきかどうかなど，贈り物をめぐって，どのように振る舞うことが，日本社会において失礼がないのかということを知りたいとのことだった。

　そんなきっかけで，私はこれまで深く考えたことのなかった，日本の贈り物の習慣について，改めて考えることとなった。日本では，お中元，お歳暮，結婚，出産，引っ越しなど，季節の節目や，ライフイベントの際に贈り物をする習慣がある。そして，贈り物を受け取ったら，それに対するお返しがつきものである。例えば，結婚祝いや出産祝いを受け取ると，半返しといって貰った品（やお金）の半分ぐらいの価値の品物を返礼するという習慣がある。

　日本人にとって，贈り物は受け取るものというだけでなく，お返しするものでもある。お返しをしなければ，大人として「礼儀知らず」あるいは「常識がない」と思われ，関係が疎遠になってしまう。つまり，贈り物に返礼するのは，ある意味で義務のようなものである。そして，お互いによい関係を維持するための不文律のルールでもある。

　しかし，贈り物に返礼を要する文化は日本だけではないようである。モース（1925）は『贈与論』の中で，未開社会における「ポトラッチ」という贈与の形態について論じている。「ポトラッチ」は相手を圧倒するような贈り物を贈り，

それに見合う返礼，あるいはそれ以上のものを暗に要求するある種の競争関係である。時には相手（あるいは自分自身）の富を破壊し，戦闘となる場合もある。また，こうした贈与によって，階層性が作られる。与えることは，より力のある権威者となることを示し，受け取って何のお返しもしないこと，もしくは受け取ったよりも多くのお返しをしないことは，相手に従属するということを示すのである。一方で，贈り物と返礼という行為が続くことは，関係性の継続へと寄与する。未開社会における，贈り物を贈る側と贈られる側のパワーバランスの問題や，関係性の継続という結果は，日本人にとっての贈り物と返礼のやりとりにも通じている。また，フランス人であるモースはヨーロッパにも同様の贈与の習慣があることを述べている。

2. 心理臨床と贈り物

　日本人にとっての贈り物と返礼について考える中で，私は心理臨床における贈り物についての意味を考えてみたくなった。というのも，私自身，相談関係の中でクライアントから贈り物をもらった経験があり，その扱いに戸惑ったことがあったからだ。不勉強なこともあり，私はこれまで相談関係の中でクライアントから贈り物を受け取ることは，「あまりよくないこと」「できれば避けるべきこと」と思い続けてきた。しかし実際にはどうなのだろうか？　これを機会に，心理臨床の先達の見解を改めて確認してみたい。

　鑪（2000）は，ささやかな手土産程度なら，我が国の慣習を考慮して受け取りつつも，以降の気遣いは無用と伝えるとしている。しかし，そのように述べたにもかかわらず繰り返し贈り物を持ってくる場合には，その意味を考えなければならないとしている。また，神田橋（1990）は，被治療者からの「贈り物は，感謝を込めて頂戴するのが，治療の定石である」と述べている。それは，贈り物を受け取らないことで，贈り物に込められた被治療者の心の一部をも拒絶することになり，治療意欲が妨げられるからというのが理由である。さらに成田（2003）は「贈り物の心理学」という著書の中で，フロイトやウィニコットなどの海外の治療者の贈り物に対する態度についても紹介している。成田によると基本的にはフロイトもウィニコットも贈り物を受け取っていたようであ

り，フロイトに至っては，「終結時に患者から贈られる贈り物が，患者の治療者に対する転移にしがみつく危険を防ぐ」とさえ考えていたようである。しかしながら，終結時にフロイトに贈り物をしたオオカミ男という有名な事例では，その後も彼は問題をもち続けたため治療を再開し，フロイトの患者であり続けている。また，ウィニコットは「もし神経症者が私に贈り物をもってきたら，どちらかというと断る。なぜなら，私はインフレを起こした代用通貨でその代償の支払いをしなければならなくなるからだ。しかしながら精神病者の場合は，贈り物はすでに加えられた損傷と関係があるとみなしている。言葉をかえれば私はいつも受け取ることにしている」と述べているそうである。おそらく神経症者 [1] の場合は，贈り物によって治療者－被治療者関係のパワーバランスの操作（それも法外なレベルの）が意図されているのに対し，精神病者の場合は，言葉にならない彼らの内面の表現の一手段として渡されるというようにウィニコットは考えていたのではないだろうか。

　要するに相談関係における贈り物は禁忌ということではないようである。しかし，その取り扱いは著名な治療者においても難しいようである。

3.　贈り物に関する三つの事例

　さて，贈り物というと私にとっても印象的な事例が三つある。

　一つ目は，私が大学院の修士課程を修了してすぐのことである。当時私は教育相談領域で働いており，ある小学校高学年の女児のプレイセラピーを受けもっていた。彼女は自閉症スペクトラム障害（当時は高機能自閉症）と診断されており，学校での適応がうまくいっていなかった。彼女は相談室に来る際に，ちょっとした手土産をよく持ってきてくれた。自作のくじ引きや，自分で作ったという野菜炒めをラップにくるんで持ってきてくれたこともあった。当時

1）神経症者という言葉は，ICD-10 や DSM-5 といった現在の診断基準では使われていない。神経症とは，心身の不調を来しているが，器質的基盤がないことや，心因性であることなどが特徴として挙げられる。私は「インフレを起こした代用通貨でその代償を支払い……」という表現から，パーソナリティ障害の患者を思い浮かべた。これは，治療者の対応如何で，大きな代償を伴うこともあるということなのではないだろうか。それに対して精神病者とは，現在の統合失調症や双極性障害の患者のことを指していると思われる。

私は，なぜ彼女はこんなに手土産を持ってくるのだろう？と不思議に思っていた。しかし，よく考えてみると，プレイセラピーが始まったばかりの頃に，ちょうど彼女の誕生日があり，私の方から手作りのバースデーカードを渡していたのだった。先に贈り物をしていたのは私の方だったのである。その後，贈り物はなるべくプレイセラピーの中でのやりとりにするようにしたと記憶しているが，プレイセラピーの中でもお互いに作ったものを贈り合ったりした。

　私自身がなぜ彼女にバースデーカードを贈ったのかと考えてみると，当時経験の浅かった私は，彼女との相談関係を速やかに築きたいという思いが無意識にあって，あまり深く考えずに贈ったのであろう。そして，それに呼応して彼女は返礼を持ってきてくれていたのである。彼女にとっての返礼の意味は，どんなものだったのだろう。彼女にとっても，セラピストとの関係を深めたい，贈り物をもらったので単純にお返しをしたいという気持ちだったのかもしれない。しかし私は，それとはもう一つ別に，自立のテーマが隠されていたのではないかと思っている。モースの『贈与論』にもあったように，贈与には贈る方と受け取る方の力の不均衡さがあり，返礼することによって対等となるのである。彼女にとって，返礼することは，私との対等な関係を築くために必要だったのではないか。彼女はちょうど思春期の入り口にさしかかっており，学校では友人関係がうまくいっていなかった。彼女にとって，対等に人とかかわるということが課題だったのではないか，と今になって思う。

　二つ目は福祉領域で働いていた頃のことである。当時私はベテランの女性相談員とともに DV 被害を受けた女性を担当していた（基本的にその女性の対応はベテラン相談員が担当していた）。その女性は夫の DV から逃れるために，誰も知り合いのいない，我々が働いていたその市町村へと避難してきていた。DV 被害者の多くは不安を抱えながら，見知らぬ土地での生活を一から作っていかなければならない。それは彼女も同様だった。生活が少し落ち着いた頃，彼女はベテランの相談員に対し，ちょっとした手土産（お菓子だったと思う）を持って現れた。確か，仕事が決まったからお礼にとか，そんなことだった。市の相談室だったため，ちょっとした手土産といえども受け取るのは，憚られるような職場環境だった。しかし，その手土産には重要な意味があるのではないかと思われたため，受け取った方がよいだろうと私たちは判断した。彼女が

帰った後で，ベテラン相談員とその贈り物の意味について，じっくり話し合ったことを覚えている。

　その贈り物は，彼女にとって表面的には，これまでの支援への感謝を伝え，その後も良好な関係を継続していきたいという思いを伝えるものであるが，一方では別の意味もあったのではないかと思われる。それは例えば，知り合いのいない土地へやってきた彼女にとって，贈り物をする相手がいるということは，とても嬉しく心強いことだったのではないか。自分は一人ではない，誰かとつながっているという思いが，彼女を支えていたのではないだろうか。またもう一つは贈り物をすることによって，支援者と対等になりたい，つまりはDV被害者と支援者という関係から抜け出したいという思いがあったのではないかと思うのである。ここにも，一つ目の事例と同じように，自立のテーマがあるのではないかと思っている。

　三つ目は，これも福祉領域で働いていた時のこと。私は非行ケースの母子にかかわっていた。子どもに関しては，結局在宅では対応が難しくなり，児童自立支援施設に入所することになった。その後しばらくして，私は妊娠し産休に入るために担当者を変更することになった。その最後の面接の際，その母は私にお祝いとしてベビー服を持ってきてくれたのだった。私は躊躇したものの，私のために買ってきてくれたものを断ることも難しく，結局はありがたくいただいた。この贈り物に関しても，表面的にはこれまでの支援への感謝の気持ちや，母となる私へのお祝いの気持ちを表してくれていたものと思われる。その一方で，我が子が結局施設入所となってしまったことへの割り切れない思い（これは支援者にも向けられているだろう）や，子育ての挫折感を支援者は本当にわかってくれていたのかというメッセージでもあったかもしれない。また，あるいはこれから母親となる私に対して，母親の先輩として「あなたが子育ての難しさを本当に理解するのはこれからだよ」というような，ある意味，挑戦状のようなメッセージも含まれていたように思うのは穿った見方だろうか。この事例では，「被支援者としての母と支援者」という関係性から「先輩母親と新米母親」という関係性への変化があり，それに伴ったパワーバランスの変化が浮かび上がってくる。

4. 支援者－被支援者関係と贈り物

　心理臨床における，セラピストとクライアントの関係，あるいはもっと広い意味での相談関係における，支援者と被支援者の関係は，建前としては対等であるが，ある意味では対等ではない。支援関係を贈与として捉えると，支援をする者（贈り物をする側），支援を受ける者（贈り物を受ける側）となり，そこには力の非対称性が浮かび上がる。

　クライアントや被支援者にとって，支援を受けることは，返礼をしなければならないと思わされる体験なのだろうか？　あるいは，その非対称性に気づき，贈り物によって無意識のうちにパワーバランスを取ろうとするのだろうか？

　私が経験した三つの事例についても，贈り物によって微妙なパワーバランスの変化が見られた。また表面的には感謝の形を表現しながらも，対等な関係性の希求や，自立といったテーマが隠されているように思われた。

　支援者側にとってみれば，本来，返礼とは被支援者の問題の解決や成長である。しかも，贈与の法則性からすると，その返礼を受け取った時，支援者と被支援者の関係は対等となるのだから，支援者側にもまた，さらなる返礼の義務が生じるのである。それは例えば，被支援者が成長するようなさらなるかかわりかもしれないし，あるいはその支援関係で得た経験や支援の技術を，また別の被支援者に提供することかもしれない。

　被支援者にとっては，自覚はないのかもしれないが，自らの問題を解決し，成長し，自立していくということが支援者への返礼となるということを先に述べた。そして支援者に対するものだけでなく，周囲の人々への感謝や利他的な行動の広がりも被支援者の成長として返礼を形作っていく。心理臨床の現場では，被支援者が自身の問題を解決し，支援者になっていくという循環がよく見られる。また，逆に解消されない個人の問題が世代を超えて，次世代に継承されていくということもよく見られる。被支援者が自身の問題を解消する，しないということは，被支援者が親になったときの親子関係や，その子の生き方にも影響を与えるのだ。

　ある意味では，支援者－被支援者関係は，親子関係とも似ているかもしれない。その場合，「親＝支援者＝贈り物をする側」「子＝被支援者＝贈り物を受け

取る側」であるが，子は育てられる側から，いずれ育てる側へと成長していく。また，親となってみて思うのは，私たちは初めから親として存在しているのではなく，子の存在と成長によって少しずつ親になっていく。親は子を育てているつもりで，子によって親として育てられている。そこには，育て合うという相互的な贈与の循環があり，さらには次世代へと贈与は続いていく。

　つまり，親子関係も含む，支援者－被支援者関係とは，相互的な贈与の循環によって，次世代へと続いていく持続的な，発達的な営みなのかもしれない。

▌5．おわりに

　先の疑問に立ち返ってみよう。支援関係は被支援者にとって，返礼をしなければいけないと思わされる関係なのだろうか。支援者－被支援者関係は，贈与的な関係の枠組みの中にあるため，必然的に支援という贈与に対し，解決や成長，自立という返礼が行われていると考える方が自然なのではないか。また，支援者－被支援者間のパワーバランスの変化についても，そこには被支援者の成長という肯定的な意味が付与できるだろう。むしろ，支援者は，被支援者を被支援者であり続けさせないための支援が必要である。しかし，被支援者が返礼として物理的な贈り物を携えてくる場合には，そこには何重もの意味が込められていると思っていた方がよい。支援者はその隠されたテーマを感じ取り，支援関係もしくは支援技術へと反映させなければならない。

　さて私は，日本社会における贈り物の習慣のことや，心理臨床における贈り物の意味について考えたことを，くだんの英会話の先生に，拙い英語で四苦八苦しながら説明した。そして説明しながら，もっと流暢に英語を話せるようになることこそが，彼に対する返礼であろうと考え，心の中で苦笑した。

引用文献

マルセル・モース（1925）．吉田禎吾・江川純一（訳）（2009）．贈与論　筑摩書房

鑪幹八郎・名島潤慈（編）（2000）．　新版　心理臨床家の手引き　誠信書房

神田橋條治（1990）．　精神療法面接のコツ　岩崎学術出版社

成田善弘（2003）．　贈り物の心理学　名古屋大学出版会

支援者の成長
―複数の仕事を経験して―

健康相談室心理士　千葉健司

 ## 1. はじめに

　私は現在，臨床心理士（以下，心理士と記す）として民間の相談室に勤務している。その相談室では一般向けの有料相談も行っているが，仕事の中で大きなウエイトを占めるのは，企業を対象にカウンセリング等のサービスを提供することである。そこで私は，来室によるカウンセリングだけでなく，企業に訪問して行うカウンセリング，メンタルヘルスに関するセミナーの実施，リワークプログラムの実施，職場改善を目的としたコンサルテーションなどを行っている。

　現在，私がこの仕事をしているのは，全くの偶然である。仕事をする中で，会社という組織について，知識をもつ必要性を感じたことはあった。また，他のカウンセラーから，組織と個人の利益が対立しがちな会社という組織内で援助を行う面白さや難しさを耳にして，興味をもったことはあった。しかし，その程度のことであり，まさか自分が今の仕事をするとは全く想像したことはなかった。

　では，今の仕事に就くまでの経緯が特殊だったかと言えば，そういうわけでもない。私が現場に出たのが2001年の4月である。その時から現在まで，「何をやりたい」とか「自分は〜しかできない」と自分に制限をかけることなく，出会うままに仕事をしてきた。

　私の職歴を列挙すると，次のようになる。私立学校のスクールカウンセラーを16年。公立中学のスクールカウンセラーを3年。専門学校の学生相談室のカウンセラーを13年。教育相談所カウンセラーを約7年。矯正施設のカウンセラーを約6年。医療機関のカウンセラーを1年。大学の学生相談室のカウン

セラーを8年。そして現在の企業相手を対象とした相談室のカウンセラーを3年。他にも短大，専門学校，大学の非常勤講師を短いところで4年，長いところで17年務めてきた。職歴を振り返ると，スクールカウンセラーや学生相談室等の教育分野での経験が比較的長い。しかし，それも今の仕事を始めた経緯と同様に，全くの偶然である。

　そもそも，様々な仕事を複数掛けもちする形になったのも，意図的ではない。そのような雇用形態の仕事しかなかったからである。ただし，このような形で仕事をしてきたことが，心理士としての成長に役立ったと思えることもある。そこで，こうした働き方が役立ったことについて，①新人の心理士として自立していく過程で役立ったこと，②自分の課題に気づき，克服していく機会として役立ったこと，の二つの視点から述べていきたい。

■　2.　新人の心理士として自立していく過程で役立ったこと

　私は大学院卒業後，しばらくの間，主に三つの仕事を掛けもちしていた。三つの仕事とは私立学校のスクールカウンセラー，教育相談センターのカウンセラー，専門学校の学生相談室カウンセラーである。私立学校の仕事は曜日ごとに一人ずつ心理士が勤務しており，私の他に三人の心理士がいた。そのうちの二人はベテランの心理士だった。教育相談センターには，心理の常勤職がおり，他に，曜日ごとに複数の非常勤の心理士が勤務していた。心理の常勤職は少しだけ年上で，非常勤の心理士は同世代が多かった。そして最後の専門学校の学生相談室は私が週1回勤務する，いわゆる一人職場だった。振り返ると，この仕事の組み合わせは，私が心理士として経験を積み，自立していくために効果的な組み合わせだったと思う。

　私立学校では，経験豊かなベテランの心理士から指導を受けながら，仕事をすることができた。同じ日に勤務することはなかったが，日報や記録等を通して丁寧な指導を受けることができた。また，私が判断に迷い，相談の電話をすると，勤務日以外であっても助言を仰ぐことができた。このように，現場において時間と労力を割いて丁寧に指導とサポートをしてもらったことは，非常に感謝すべきことだった。ここでの経験を通して，心理士として働いていく基礎

が身に付いた。ただし，ベテランの心理士と私の間にあまりにも力の差がありすぎて，自分の無力さを強く感じることが多かった。特に最初の1年間はそうだった。ベテランの心理士の指導やサポートがなければ仕事にならず，自分が役に立っているという実感が持てなかった。ベテランの心理士の仕事を見るたびに，自分が将来このようになれるのかと感じ，自身の適性を疑うことも多かった。

　一方，教育相談センターは同じ日に何人もの心理士が勤務していた。心理職として複数の人が同日に勤務する職場はここだけであり，私としては所属感が得られるところだった。そこには心理職の年長者はいるものの，私立学校の心理士のような手の届かない存在ではなく，近い将来の自分を考えるためのモデルとなってくれるような存在だった。

　また，そこで出会った同世代の心理士は，一緒に経験を積んでいく仲間として大事な存在だった。心理士となった友人は非常に限られていた。また，他の職場には同世代がいなかった私にとっては，この職場の心理士が唯一，日常的に接する同世代の心理士だった。仕事のことも含め，いろいろことを話すことができる仲間として，この時期とても助けられた。

　そして，専門学校の学生相談は完全に自分一人という状況のため，自分の力が問われる職場だった。そうした環境による重圧を感じることもあったが，他の仕事を通して得た経験をもとに，自分の力を試す絶好の場所でもあった。

　このように，それぞれ異なる役割を果たしてくれる職場を掛けもちする形で，私は仕事を始めることができた。このような環境が，私が心理士として自立していく過程を強力に後押ししてくれたと感じている。大きな組織に所属すれば，一つの職場の中にこれらの要素が同時に存在し，その中で一人前になっていくことができるのであろう。しかし，心理の職場では，そのようなところは非常に限られる。私の場合，運良く，そうした環境が手に入っていたように思う。

3.　自分の課題に気づき，克服する機会として役立ったこと

　経験したことがない仕事を始める場合，当然のことながら，その仕事で必要

とされることを学ばなければならない。様々な仕事にかかわることを通して，多様な心理的援助の考え方や方法を身に付けることができる。また，様々な特徴をもつ人とかかわることで，人間の心の多様性について知ることができる。そのため，多様な仕事に携わって経験を積むことは，心理士にとってメリットがあると思われる。

　しかし，複数の仕事を経験することで，意識のもち方次第では，それ以上のことが得られるのではないだろうか。ここでは，仕事を変えたことが自分の課題に気づくきっかけになった経験と，同時に複数の仕事をもっていたことが課題の克服に役立った経験について述べる。

　仕事が変わると，たとえ，それが同じような仕事であっても，利用者の特徴に何かしらの変化が生じることが多い。例を挙げると，同じ私立学校のスクールカウンセラーの仕事であっても，その学校の特色によって，集まる生徒の特徴は異なる。利用者の特徴が変わることで，見えてくることがある。まず，職場が変わり利用者の特徴が変化したことで，自分の課題に気付いた経験について述べる。

　ある仕事を始めた際に，利用者とのカウンセリングが安定しなくなったことがあった。利用者は一応，次の予約を入れるものの，予約時間になっても来室しないことがたびたびあった。それも一人ではなく複数人に，そのような来室の不安定さが見られた。

　その仕事を始めたのは，現場に出てだいぶ経った後であり，それ以前の仕事においては，利用者の来室が不安定になることが稀になる程度には経験を積んでいた。そうではあったが，こうした状態になってしまっているのには何か自分に問題があるのだろうと考えて，改めて利用者の特徴や自分の利用者との関わりについて振り返ってみた。するとカウンセリングが安定しない要因として，利用者の気持ちに対して丁寧に対応することや，ねぎらいの言葉をかけるなどの気持ちの面でのサポートが不足している可能性が考えられた。

　私にはカウンセリングの中で，このようなかかわりやサポートが乏しくなりがちな傾向があった。しかし，それまでの仕事では，そのことが大きな問題とならなかった。そのため，その課題について，あまり意識していなかった。しかし振り返ってみると，それが問題とならなかったのは，運よく，利用者の特

徴に助けられていた可能性に気づいた。以前の利用者は，気持ち面のサポート
をそれほど求めない方が，たまたま多かったために，私の援助スキルの課題点
が目立たなかったのだと思われた。

　そうした結論に達して，利用者の気持ちを丁寧に取り上げ，ねぎらいの言
葉をかけるというかかわりを，意図して行うようにした結果，利用者の来談が
安定していった。このように仕事が変わり，関与する対象が変わることによっ
て，気づきを得られることは多いのではないだろうか。

　次に複数の仕事を同時にもっていたことが役立った経験について述べる。カ
ウンセリングのオリエンテーションには様々なものがある。そして，それぞれ
のオリエンテーションごとに独自の援助技法がある。私が用いているオリエン
テーションは，その技法面に注目が集まりやすい。実際，私がそのオリエンテ
ーションを用いるようになったのも，そこで用いられる援助技法に関心があっ
たためだった。

　現場に出て，そのオリエンテーションの熟練者に長年にわたって指導を受け
ていたが，指導の中で毎回言われるのは，「もっとしっかり相手の話を聴きなさ
い」ということだった。今思うと，利用者の話をしっかりと聴かず，利用者と
その問題をよく理解せずに，ただ援助技法をふりまわしていただけだったと反
省する。

　ある指導の場面で，指導者が私のカウンセリングの逐語録の一場面を取り上
げた。その場面は，私が利用者を必死に理解しようとしている場面だった。そ
して指導者は，「このように，相手のことをよく理解しようとすることが，この
オリエンテーションの本当の姿だよ」と言った。そこでようやく，私は話を聴
くことの重要性と話の聴き方を理解し始めた気がした。しかし，その指導者は
残念なことに，その後すぐ亡くなってしまわれ，自分がしっかり話を聴くこと
ができるようになったか確信がもてないままだった。

　私はその後，依存症の方のグループワークに携わることになった。依存症治
療に重要なこととして，成瀬（2016）は，治療者が誠実に患者と向き合い，患
者が「正直な気持ちを安心して話せること」に専念することを挙げている。つ
まり，利用者が話しやすい環境を作って，話をしっかりと聴くということであ
る。この仕事では，そうしたかかわりに長けたスタッフが周りに大勢いた。幸

いなことにグループワークであり，実際のかかわりを見ることができた。そして，そのかかわりによって，利用者に変化が生じる様子も見ることができた。他のスタッフのかかわり方を見て学び，そして，学んだことを他の仕事の中ですぐに試した。このように，ある仕事を通して学んだことを，すぐに他の仕事で用い，試すことができるという点で，複数の仕事を同時にしていたことは，課題の克服に役立った。

▌ 4.　おわりに

　3年前に現在の仕事に常勤職として入職した。働き方を変えたのは次の二つの理由からだった。一つは，もう少し相談室の運営に関与したいという希望があったためだ。過去の私の働き方である週1～2日勤務の立場であると，相談室の運営に関与することは難しかった。もう一つは，常勤職となれば，待遇面で働きやすくなるのではないかという期待があったためだ。

　ただし，もう20年近く複数の仕事を掛けもちするスタイルで働いてきたために，次の二つの理由から，仕事を一つにすることには大きな抵抗感があった。一つは，全ての仕事を一度に失うリスクがあること。もう一つは，多様な経験を積めなくなるということだった。心理職の常勤職は貴重であり，心理士としてはあこがれるものであるのに，迷いが生じることが面白く感じられた。

　そして現在，希望通り，相談室の運営面に関与できるようになった。様々な打ち合わせや会議に，参加するようになった。相談室内のマネジメント業務にも関与することになった。こうした仕事は，相談を実施する環境を整備するという意味で，重要な仕事であることは間違いない。こうした仕事を通して，今までとは異なる経験を積むことができている。

　一方で，こうした仕事は心理支援業務の中で重要であり，その一部であるものの，心理支援業務そのものではない。こうした仕事に関与することにより，全体の仕事に占める心理支援業務そのものの割合は，小さくならざるを得ない。現在の仕事はそれなりに興味深く，また待遇面も良くなり，働きやすい環境になったものの，そういった点において少し寂しさを感じる。

　こうしたことから，仕方なく選択していたと感じていた，非常勤の仕事を複

数もつという働き方にも，それなりによいところがあったことを改めて実感している。こうした働き方から得られることについて，もう少し真剣に考えて仕事に取り組んでいれば，もっと多くのことを得られたかもしれないと今更ながら考える。

　現在の働き方になってようやく3年が過ぎたところである。現在の仕事や働き方にも，心理士として経験を積む機会が数多く潜んでいるはずである。その機会を逃さないように，今まで以上に考えて仕事に取り組んでいきたい。

引用文献

成瀬暢也（2016）.薬物依存症の回復支援ハンドブック―援助者，家族，当事者への手引き　金剛出版

継続が適応になる

企業相談室カウンセラー　長船亜紀

1.　はじめに

　入職して数年間は「(仕事が) 向いていない」と悩む日々であった。それは私自身が，人の話を聞くことを専門的に行うのは難しいと感じていたからなのであるが，話がわかることと，専門的に理解して共感することには大きな違いがあると感じていたと思う。

　その私が今や 15 年を超えてカウンセラーとして働き続けていることに，恐らく自分自身が一番驚いている。今では「向いていない」という点で悩むことは無くなった。そこで，向いていないと感じても，継続して働き続けることで見えてくるものについて振り返りたい。これから期待をもって社会に出る後進の方たちの役に立てれば幸いである。

2.　私の職場―産業領域―

　私がカウンセラーとして働く現場は会社 (企業) であり，心理職のフィールドとしては産業領域に当たる分野である。心理職のフィールドとしてはまず病院 (医療) や学校 (教育) が頭に浮かぶと思われるが，産業は近年注目を集めていると言われる心理領域である。ただ，私が所属している会社では 1971 (昭和 46) 年からカウンセラーを置いていたと聞いているので，歴史が浅いこととは異なるものであろう (他の会社の状況はわからないので言及はしない)。

　私自身は会社から社員として雇われており，専門家 (心理カウンセラー) としての業務を期待されている。私のような立場のカウンセラーは「社内カウンセラー」である。企業によっては社内にカウンセラーをもたず，外部サービス

（例えば EAP（Employee Assistance Program：従業員支援プログラム）である「社外カウンセラー」を利用しているところも多い。

　私のクライアントは所属している会社の社員の方すべてで，社員が業務時間中に予約をとって来室するスタイルである。一応，社内の福利厚生サービス的な位置づけなので，利用は無料となっている。

　社内では健康管理部門の中に位置づけられており，産業医や保健師，病院の医師や看護師との連携は不可欠である。また，社員（以下，クライアント）に関係する上司や同僚，人事部門などとのやりとりも多く，コミュニケーション力や調整力も必要とされている。専門的な知識をもちながら，会社の様々な業務や会社の経営状況，社会情勢など様々な要素をキャッチしていくアンテナの高い感度と，常に視野を広くもつことも要求される。相談室の中でクライアントとの関係を考えていればいいというのではないところに，面白さを感じるか，あるいは負担を感じるかで，企業で働く心理職に興味をもてるかどうかが分かれそうなところであると思う。

3. カウンセラーとして働き始める

　私自身は大学卒業後，一般企業で4年弱働いたところで退職し，心理学を本格的に勉強しようと大学に再度入り直したという経歴がある。社会人経験があったことで，会社組織という環境にはそれほど違和感はなかった。しかし，カウンセリング（心理臨床領域）に足を踏み入れた時は，大学院2年生で全くカウンセリング経験をもっていなかった。当初はアルバイトという雇用形態でもあり「勉強になればいいな」くらいの軽い気持ちであった。大学院修了と同時に嘱託社員として採用されて，いよいよ本格的にカウンセラーとしての活動が始まった。

　今思えば相手の話を聞くことだけでも難しいし，それに応じた対応を考えたり質問をしたりなどはできなくて当然だとわかる。しかし，当時は話を聞くことさえ満足にできない自分がもどかしかった。よかれと思って言った発言が全く相手には違う受け取り方をされたり，不満をもたれたり怒られたり，相手の状況が思うように変わらなくて自分を責めたりしていた。自分のできなさが辛

くて，「私にカウンセラーは向いていない」と思うようになっていった。

　上司は相談には乗ってくれたが，新人を育てる観点からか厳しく甘えにくい雰囲気を感じることもあった（新人のときの自分には，そうとしか感じられなかっただけかもしれない）。自分では考えうる様々な努力をしているつもりでも，よい方法が見つからないことも多かった。

4. 先輩の存在

　私が恵まれていたのは，所属している部署に，カウンセラーの先輩が複数人いたことである。私にとってのメンターでもあり，よき相談相手になってもらえた。上司とは異なる観点でアドバイスをしてもらえることで，気がつけることも多かった。上司には愚痴めいたことは言いにくくても，先輩には少しだけ自分の本音を言えたりして，心のバランスを保つために心強い存在となっていた。優しいだけではなく，時に知らず知らずに凝り固まっている私の考えのクセなどもやんわりと指摘してもらえて，その言葉は今でも時折思い出すことがあるくらい，心の支えになっている。仕事をしていくうえでメンターは必要だと考えるが，特にカウンセラーには必要な存在だと自身の経験から感じる。

5. カウンセラーを継続できるかどうかを左右したケース①

　入職して3年目，PD（Personality disorder：パーソナリティ障害）と思われるクライアントの対応を担当することになった。PDは距離の取り方が難しく，まだまだ経験不足だった私は振り回されることも多くて，対応に悩まされた。対応の難しさを上司に相談すると，このケースに対応できないと今後カウンセリングを続けるうえで，越えられない壁を作ってしまうことを懸念され，継続して対応することを求められた。毎日が悩みとケースの重さで辛くなり，助けてもらえないという気持ちも相まって逃げ出したい一心だった。それでも何とか対応できないかと，先輩のカウンセラーにこれまでの同病態への対応事例を聞いたり，文献を調べてみたり，自分なりにこれまでの面談を振り返ってできそうなことを考えた。何より心強かったのは当時の産業医の先生が，親身

に一緒に対応に当たってくれたこと，関係部署の人が協力的であったことだった。

　ケースの難しさだけでなく，対応に困難さを感じたのは私自身の経験の少なさからくる自信のなさと，ケースへの苦手意識もあったと思う。「できそうもない」「無理だ」という思いが自分自身を縛り付けていたかもしれない。上司から継続対応を求められた直後は逃げ道のなさに辛くなったが，担当を変えてもらえないという事実に少しずつ開き直ってから，できることを着実にやっていこうと落ち着きを取り戻せた。自分自身の足りないところを自覚しながらも，あきらめずに対応を続けられたことが，のちに自分の自信となったと思う。

6. カウンセラーを継続できるかどうかを左右したケース②

　「ひどい」，これは一時期，面談に来る何人かのクライアントから私に向けられた言葉である。……こんな言葉を投げかけられたら，確実に私はカウンセラーに向いていないと考えると思う。状況を説明してみよう。

　ケースの内容は様々で，男性も女性もいた。年齢もバラバラだった。共通して言えるのは，面談で会っている年数はゆうに一年を超える長いものばかりだった。長いけれども，まだ終結までには課題が残っている状態……状況としてはこんな感じだった。これまでのカウンセラー，クライアント関係は良好であった。

　「ひどい」と言われた時も，ひどく怒ってなじられたということはなく，感想として伝えてくる，そんな様子だった。では何を「ひどい」と言っていたのか。直接クライアントが私に向かって「ひどい」と伝えてきたので，私からも「何をひどいと感じましたか？」と聞くことができた。

　それによれば，「ひどい」と伝える一つ前の面談で，「言われたくなかったことを言われた」や，「言われたことは間違いないことなのだけど，本当すぎて辛かった」ことをカウンセラーから言われたからということであった。言い方は厳しくなかったし，怒られたわけでもないと口をそろえて言われた。私自身想定していなかったことに驚いて，伝えたことの意図や気持ちをクライアントに説明すると，それについては肯定された。しかし，「でもひどい」と言われる有

様だった。一人ならまだしも，複数人から同時期に同じことを言われたのは，さすがにまずいだろうと感じて，恥ずかしながら正直に上司に相談をした。

上司の回答はこうだった。「状況を聞くと，言われたことは嫌だったけど本人たちも思い当たることなんでしょう？　そしてそのことを担当のカウンセラーに直接言ってきて，今後の面談も続けると言っている。何も言わずに来室しなくなってしまうのなら問題があるが，クライアントが面談でひっかかったことをカウンセラーに伝えられている点で，現時点では問題はないと感じる」

カウンセラーとしての資質について問題視されるのではないか，と怯えていた私にとっては意外すぎる上司の言葉であったが，確かにどの面談も終了になっていないことに気が付いた。今後もタイミングや言い方などには細心の注意を払いながら，面談にあたっていけばいいのだとようやく安心できた。

カウンセラーにはそれぞれのスタンスや考え方，スキルがあるので，私のやり方が正しいなどというつもりは毛頭ないが，この一連の出来事を通して，私はクライアントの問題としっかり向き合い，時には言葉にして伝え合って一緒に考えていきたいというスタンスであるということに気がつけた。

最後になるが，「ひどい」と伝えてきたクライアントの方たちとは，面談終結まで良好に面談を続けられたことを付けくわえておく。

▌7. 私なりのカウンセラーというスタンスや考え方

前出の出来事は，自分なりのカウンセリングスタイルについて考えさせられた出来事であった。カウンセラーのスタンスや考え方は様々で，「傾聴に徹して自分の意見は伝えない」「本当のことは言わない」という人もいる。家族歴や成育歴についても，聞かないで理解はあり得ない（必ず聞く）という立場から，深く立ち入りすぎないために積極的に聞かない，という立場もある。

私がカウンセラーを続けてくる中でわかってきたのは，知識や経験が大事なのはもちろん，想像力や感性も必要だということである。悩んで相談に来た目の前の人の言葉の裏にある苦しみは何だろうとか，話している言葉から何をわかってもらいたいと思っているんだろうか，ということにまで心を巡らせるということである。実際なかなかクライアントは本当の気持ちを口にしてくれ

ない。言いたくないのか，言ってもいいか迷っているのかわかりにくい時もある。私自身はできるだけ相手を侵襲しない形で，相手の気持ちを確認して理解するようにしている。聞いてはいけないことはほぼないと思っている。ただし言い方はとても大事である。言いたくないと言われたらクライアントが話したくなるまで聞かない。目の前の存在を大事に思うからこそ，相手への尊重は忘れないようにしたい。

　カウンセラーはクライアントから学ぶ存在，と言われた産業医の先生の言葉を忘れないように心がけている。

■ 8.　カウンセラーとして大切にしていること

　実際にクライアントからもらえる言葉は，私にとってはとてもありがたく力になっている。一部紹介する（人物が特定されないよう文章は一部抜粋している）。

　　「ここまで来られたのは，自分が昔から目をそむけていた多くのことと向き合えたからだと実感しています。それを後押ししてくれたのは，他ならぬ○○さんです。大変感謝しています」（文中の○○は筆者）
　　「前回の面談は，非常に心に響くものがあり，初めての経験でした。まず，できることから気長にコツコツと進めていく所存です」

　ここに紹介したものは，全てありがたくも前向きな言葉である。私のほうがクライアントから励まされたと感じることもあるし，温かい言葉がけにもう少し頑張ってみようと思えて仕事を続けてこられた。しかし，クライアントからの言葉が厳しくても批判であっても，真摯に受け止めている。その言葉こそがその時の私自身の課題だと思うからである。カウンセラーがクライアントよりも偉いことはなく，常に対等であることを忘れないようにしている。クライアントにとってカウンセラーは鏡のような存在でいる必要があるし，また逆もしかりだと思う。

■ 9. これからカウンセラーを目指す方たちへ

　私が現在までカウンセラーという職を継続できたのは，常に自分のカウンセラー能力を過信せず謙虚であった（自信のなさの裏返しでもある）ことが大きかったと感じている。

　私が大事だと思っているのは，面談が行き詰まったときにはこれまでの面談を初回から振り返って初心に戻ること。相手の問題とだけ考えず，自分の問題でもあると面談の内容を考えられること。できないところを素直に周りに相談できること。自分の抱える問題を解決しておき，面談に影響がないように整えておくこと。これらは私がカウンセラーという仕事を続けている間は，常に意識し続けていくことだと思う。カウンセラーという仕事は，一見クライアントの問題を扱っているようで自身の問題が影響していることもあるため，自分と向き合うことがかなり必要とされる職業である。カウンセラー自身が，自分の問題について一つひとつ向き合って解決していくことは，クライアントに会うのと同じくらい重要性が高い。言葉では簡単に聞こえるかもしれないが，実際にやってみると結構きつくてしんどいものである。しかしその大変さが，クライアントの悩みの深さと同じであると考えると，取り組む意義も高いものであろう。

　そして，カウンセラーという職業を続けていくには，気分転換が上手なことも大切である。私自身は，面談室のドアを開けて外に出るときには，すでに今の面談のことは考えないようにしている。そして会社を出たときには仕事のことは一切忘れる。けれども面談室でクライアントに向き合うときは，真摯に一生懸命話を聞く，ということを心がけている。

　例えば，常にクライアントのことを考えているといえば聞こえはいいが，ずっと面談について考え続けることは，切り替えができず逆に自分の健康を阻害しかねない。カウンセラーが自分の生活や健康を守れている状態でないと，余裕をなくすこととなり，その結果，クライアントの微小な変化にも気づきにくくなるリスクもある。

　カウンセラーという仕事は，クライアントの人生の一時的な伴走者として，自分の知らなかった様々な経験ができる。そこには楽しさや喜びだけでなく，

苦しみや悲しみ，想像もできない体験もある。共に体験し，共感し，励まし，時には未知の経験に挑戦するクライアントと一緒に乗り越える強さも必要である。そして，その先のこれまで知らなかった体験や世界に触れたときに，一緒に歩いて来られて良かったと，共にお互いの成長や進歩を実感できるのである。

　もし今カウンセラーになるのを迷っていたり，自信がもてないことがあっても一度は経験をしてみてほしいと思う。経験しなければ見えないこともあるし，新たな自分との出会いの機会を失うのももったいない。最後に私が，カウンセラーの先輩から言われた言葉で締めくくりたい。この言葉がなかったら，体験しないままで終わったこともたくさんあったと思う。

　　　　「まずはやってみる。やめるのはいつでもできる」

第1部コメント

支援者になっていくこととは？

静岡大学　金子泰之

1. 私の支援者としての経験—支援者に関心をもつに至った経緯は？—

　私はこれまで六つの実践にかかわりました。フリースクールのスタッフから始まり，小学校における教育相談，中学校における不登校支援と学習支援，児童相談所における療育手帳の判定業務，児童自立支援施設における心理士，保健福祉センターにおける発達相談です。これらは，私が大学院在籍中から大学に就職するまでの9年間に経験したものです。

　私は大学院での研究テーマとして，中学生の学校適応を選びました。学校適応を研究するなら教育現場に行き，学校の雰囲気を肌で感じながら，研究と実践の両方の視点で教育問題を考えたいと思ったことが実践にかかわることになったきっかけです。第1部に掲載された実践を読み，共通点として感じたことは次の二つでした。

　一つ目は，支援者も周囲に支えられながら成長していく過程でした。支援者としてスタートしたばかりの時期は，相談者との関係をうまく築けずに悩んだり，支援者としての自分自身に迷うことが記述されていました。その中で，支援者が相談者から学んだり，同僚や上司の助言を受けて少しずつ変化していく過程が見えました。

　二つ目は，相談者を理解し続けようとする姿勢でした。ケースが終結していたとしても，相談者とやりとりした会話の意味や，相談場面での相談者の振る舞いの意味を，現在から過去を振り返りながら解釈し続ける過程が見えました。

　この二つの共通点に基づきながら，私自身の支援者としての経験を述べたいと思います。

2. 人に支えられた支援者としての経験

(1) 臨床の基礎づくりとしての経験

　今から振り返れば，院生時代に未熟なまま実践にかかわったことは無謀なこと

だったのではないかと反省しています。現場の教職員や子どもに迷惑をかけただけだったのではないかと後悔もしています。現在は教員養成に携わっており，生徒指導，虐待，発達障害といったテーマを教育心理や発達心理に関する講義で扱うことがあります。その度に私が実践でかかわったケースを思い出しています。自分がかかわった児童・生徒は今，社会でどう生きているのだろうか，発達について相談に来た子どもと保護者は，元気に過ごしているのだろうか，就学前に相談に来ていた子もそろそろ中学生だろうか，など記憶が蘇ります。その記憶は，後悔，反省，申し訳なさなどが混在した感情とともに想起されます。

　臨床心理士養成の大学院ならロールプレイなどを通して実践的に学べたのかもしれませんが，私の場合は実践現場に入りながら必要なことを身につけました。どの実践現場においても，教えていただいたことや学んだことがたくさんあり，感謝しかありません。その中でも特に印象に残っているのは，児童相談所で療育手帳の判定業務に携わったことです。そこでは，来所者の観察の視点，検査の進め方，所見のまとめ方，保護者への所見の伝え方などを丁寧に教えていただきました。心理と福祉の専門職それぞれが，どのような仕事を担当されているのか，児童相談所が外部機関として教育現場とどうつながっているのかを学ぶこともできました。この経験は，児童自立支援施設や保健福祉センターでの仕事にも活かされていきます。

(2) 研究との接点としての支援者の経験

　これまでを振り返ってみると，支援者としての経験が，私が進めてきた研究に大きな影響を与えていたことに気づきました。一つ目の影響は，臨床と研究の関係，基礎と応用の関係について考えることができた点です。二つ目の影響は，何のために研究するのか，研究の前提を考えることができた点です。この二つについて，以下に具体的に述べていきます。

(3) 「臨床か？　研究か？」から「臨床も研究も」へ

　私はある中学校で学習支援，不登校支援を担当していました。その学校に勤務されていたスクールカウンセラーは，私が学部時代に非常勤講師として臨床心理学の科目を担当されており，私はその科目を履修していました。その経緯もあり，スクールカウンセラーが勤務する日には立ち話程度でも話をするようにしていました。私が修士論文を執筆後，その概要を話していた時に，「この学校は大きく変

わっていく節目にあるから，学校の中の様子を見続けたらどうだろう？」とスクールカウンセラーから助言を受けたのでした。助言の理由を詳しく聞いたところ，その学校が学校統廃合に向けて動いており，その過程を見るのは修士論文のテーマにもつながるのでは？ということでした。このスクールカウンセラーとのやりとりの直後，私は校長室に行き，行政が進めている学校統廃合についての実態を伺いました。何が課題となっているのかを意見交換する中で校長先生から，「自分たちが今通っている学校が統廃合されることを生徒たちはどう受け止めているのだろう？　我々教員は統廃合を経験する生徒のことがわかっていない。それを知りたい」という問題関心を提起されました。

　大学に戻り学校統廃合について調べてみると，学校統廃合を地域と協力しながらどう進めるか，教育行政の視点に基づく研究はありました。一方で，児童生徒が自分たちの学校が統廃合されることをどう受け止めているのか，当事者の視点から学校統廃合の実態を心理学的に理解しようとする研究は少ないことに気づきました。学校統廃合される前の生徒が，統廃合によって学校適応がどう変化するのか，統廃合される前の段階から統廃合後の段階まで縦断的に明らかにする研究を実施できれば，校長先生の問題関心にも応えられます。後日，校長先生に調査案を提案し，公立中学校における学校統廃合調査が始まっていきます。

　この調査結果はその後，学校統廃合が実施されようとしていた別の自治体の保護者の目に留まりました。PTA主催の学校統廃合についての勉強会で調査結果を取り上げてもらいました。その自治体で学校統廃合が行われる時にも，子どもたちを客観的視点から理解したいという保護者の願いから，同様の調査が実施されることになりました。

　私が大学院生だった頃は研究者のアイデンティティとして，「臨床か？　研究か？」「基礎か？　応用か？」という2択を迫られる雰囲気を感じていました。学校統廃合研究を進めることを通して，子どもを理解するという点で，臨床も研究も共通していることに気づきました。どちらか一方ではなく「臨床も研究も」であり，まずは目の前の子どもや保護者を理解することの重要性を理解できました。

（4）何のための，誰のための研究なのか？

　私が中学校に出入りしていたとき，職員室で教師と雑談しながら学校内の生徒の問題行動について話す機会がありました。問題行動や非行についての論文を大学で読んでいたので，その情報をもとに意見交換をしていました。そのやり取り

の中で，教師に言われた一言が自分の研究の方向性を考えるきっかけになっていきます。それは「衝動性や規範意識など非行や問題行動に影響する要因があることはわかったが，学校現場の教員として生徒にどう対応したらよいのか？」という言葉でした。モデルに基づいて，構成概念間の関係を分析した研究はたくさんあります。非行や問題行動のメカニズムを説明する研究や，非行少年や問題生徒の心理社会的特徴を明らかにする研究もあります。一方で，教師がどう対応することで，児童や生徒の学校適応が促進されていくのか，教師がどうかかわると問題行動を抑止することができるのかを実証的に明らかにした研究は量と質ともに不十分だと感じました。

　雑談中の教師からの一言の後，生徒に対する教師のかかわり方に注目して，私自身の研究を組み立てていくことになっていきます。振り返れば，雑談において教師に言われた一言に自分なりの答えを出そうとしていたのが大学院での研究であったと思います。生徒と日々かかわる教師に対して，生徒指導のヒントになるような研究，生徒への対応に苦慮する教師に対して，生徒指導のあり方についての根拠を示せる研究を目指していたのだと思います。研究の実践への活かし方までを想像しながら，研究を組み立て続けたいと思っています。

3. 相談者を理解しつづけること

(1) 自己理解から他者理解へ

　2015年に子どもが生まれ，私は親としての立場を経験することになりました。自分が子育てするようになってからは，発達心理学のテキストで紹介されている事例が自分の子どもと重なって鮮明に伝わってくるようになりました。このエピソードで説明されていた発達は，そういうことだったかと腑に落ちる場面が増えてきたように思います。

　私が毎日奮闘中の育児と強く結びつく支援者としての経験は，保健福祉センターにおける発達相談の仕事です。私の9年間にわたる支援者としての経験のうち，保健福祉センターにおける発達相談は最後の2年間にあたります。保健福祉センターの2年間で悩みつづけたのは，信頼関係作りでした。保健福祉センターに来所される大半は母親です。夫婦での来所や祖父母と一緒に母子が来所されることもありますが，相談の場で主にやりとりするのは母親でした。相談は健診のときに1回だけのこともあり，信頼関係を築くことが難しかったです。当時，私は未婚であり，当然のことながら子育て経験もありませんでした。それを目の前の母

親はどう感じているのだろうかと，自問していました。保健師さんは，母親という共通項をもとに，専門性の中に自身の子育て経験を交えつつ話をしており，その幅の広さをうらやましく感じていました。戸惑いながら仕事を続けていたある日，ある母親からの言葉がありました。「保健師さんや保育士さんだと，先輩ママとして見てしまう。こんな相談をしたら怒られるのではないないか，責められるのではないかと思うことがあった。あなたの場合は子育てや育児について何も知らなそうで，気軽に何でも言いやすかったからよかった」

　中央大学文学部元教授横湯園子先生の講義の中で，スクールカウンセラーなど対人援助職に興味があるなら，他者理解より先に自己理解から始めなさいと教わったことを思い出します。外見，話し方やしぐさ，自身が置かれた立場と役割など，自分が相談者からどう見えているのかを考える必要性を再確認させられました。自分も子育てするようになり立場が変わった今，もし発達相談の仕事をするとしたら，どんな相談ができるのだろうかと想像しています。支援者も生きていく中で，役割の変化を経験します。また経験の積み重ねにより，支援者としてもつ視点の幅や支援の選択肢は少しずつ変わっていきます。現在の自分を自己理解したうえで，過去のケースを振り返り，相談の場で相談者とやりとりされた言葉の意味を再解釈したり，支援の方法として他の選択肢の可能性はなかったのかを見直し続けること。見直したことで気づいたことを次のケースに活かしていくことが，支援者としての変化と成長につながっていくのではないでしょうか。

(2) 支援者としての専門的知識と実践の関係の見直し

　私の子どもが4歳児クラスに進級して2週間ほどした4月中旬，新しく変わった担任の先生から「発達が遅いと思う。特別な支援が必要なのかを見極めるために巡回相談を依頼したい。また，取り出しによる個別支援を進めたいのだがよいか？」と提案がありました。新年度が始まり，年中さんクラスになったことで，新しい環境の中で自分の子どもがどうなるだろう？と親として緊張していた矢先でした。

　「発達が遅い」という言葉を聞いた直後の気持ちとしては，落胆が大きかったです。最初は保護者としての立場が全面に出ていたと思います。自分の子どもに対して「発達が遅い」と言われることが，これほど落ち込むことなのか，言語化が難しい何とも言えない感情の質を，身をもって体験することができました。それから少しずつ，発達相談にかかわっていた支援者しての立場から，このエピソード

を考えるようになっていきました。

　第一に浮かんだのは，発達相談員だった自分は，子どもの発達を心配する保護者の気持ちに共感できていたのだろうか？という問いでした。自分自身も発達相談の場で，検査結果をもとに発達の遅れを保護者に説明することがありました。子育てに奮闘する親の立場を理解し，子の発達に不安を抱く親の気持ちに共感することを最優先にし，発達相談を続けていました。

　発達相談員だった頃の自分は，我が子を心配する親に共感できていたのかと振り返って自問すると，自信がなくなりました。一方，保護者として私が感じた気持ちと，相談者としての私の目の前にいた保護者の気持ちは，同じとは限らないとも思い，共感的理解の難しさを感じました。共感的理解の重要性は，支援者としての基本であり，その基本を知っているか？と問えば多くの支援者は知っていると答えるでしょう。しかし，専門的知識として知っていることを，支援者として実践できているとは限りません。基本に立ち戻り，定期的に専門的知識と実践の関係を見直すことが支援者には求められると，第1部の原稿を読み考えました。支援者としてのあり方を見直し続けることが支援者には求められるのではないでしょうか。

4．支援者を支えていくこと

　この原稿では，二つの視点に基づきながら，私自身の支援者としてのエピソードとそこで考えたことを述べてきました。一つ目の視点は，周囲に支えられながら成長する支援者でした。二つ目の視点は，相談者を理解し続ける支援者でした。

　第1部を読み，支援者になっていくために必要なことをまとめてみると，まずは，周囲に支えられながら支援者が成長できる環境と言えるでしょう。それがあってこそ，支えられる環境の中で経験を積み専門性を高めながら，少しずつ相談者を理解し続ける支援者になっていくのだと思います。

　私が保育者養成と教員養成にかかわってきて，卒業生から聞くのは職場環境の問題です。保育者や教員としての仕事は好きだが，同僚との関係に問題が生じ，退職してしまうケースを目にしてきました。

　卒業生の話を聞きながら私が感じたのは，周囲に支えられながら支援者が成長する余裕が現場から失われてしまっているのではないか，ということです。人的余裕，時間の余裕がなく，慌ただしい中で教職員が仕事に追われている環境。その中で，経験の浅い新人には即戦力として，すぐに現場に立てることが求めら

れつつあるように感じます。時間をかけて見守りながら経験の浅い支援者を支えていく環境がなくなりつつあるのが今の教育現場ではないでしょうか。

　同僚を支えるのも，子どもや保護者を支えるのも，その根は同じはずです。同僚，特に経験の浅い支援者を支えていくことのできない組織が，子どもや保護者に適切な支援ができるとは思えません。

　私が普段接している学生は，教育学部以外の学部で専門を学びながら，専門に上乗せする形で教職課程を履修しています。各学部の専門に上乗せするため，教職を履修することに負担を感じている学生は多いと思います。そんな学生の話を聞いていると，教育の捉え方が狭いことが分かります。例えば，中学や高校の教員になるのに，幼児期からの発達の知識がなぜ必要なのか？という疑問が小レポートに書かれます。学生は，中学や高校の教壇に立って教えることが教育であり，それに関係することを学ぶことが教職課程の授業と捉えているようです。

　振り返れば，学生時代の私自身も教育の捉え方は限定的だったと思います。私自身は支援者として様々な実践を経験することを通して，そこで出会った人に教わり，支えられながら教育の捉え方を広げることができたのだと，この原稿を書きながら気づくことができました。未来の支援者になろうとする学生の疑問に応えながら，学生とともに私自身も学んでいきたいと思います。それと同時に，大学を卒業後，支援者となろうと志した学生が，保育者，教師，心理士などの支援者になっていける環境作りについても問題関心をもたなければならないと感じました。

第2部
福祉・障害の現場で働く

- 地域療育センター心理士
- 介護ヘルパー
- 地域活動支援センター相談員
- 障害者支援施設施設長
- 就労支援施設施設長
- 病院作業療法士

ひとりではなくみんなで

地域療育センター心理士　杉田　歩

1. はじめに―支援者を目指したきっかけ―

　大学で心理学を学ぼうと思ったきっかけは，高校生の時に父の部屋にあった心理学の概論書を手にしたことだった。そこには様々な実験などが説明されており，目に見えないことを数値化したり，理論的に説明したりしていることがとても興味深かった。ただし，その時点では将来仕事としていくイメージはなく，ただ面白そうだからという理由で心理学を専攻することに決めた。

　無事に大学へ進学し，文学部なのに関数電卓を使って計算したり，戸惑いつつも日々学ぶことが新鮮で，レポートや宿題に追われながらも楽しく過ごしていた。進学のきっかけは実験や検査への興味だったが，学んでいくうちに人は一生発達し続けるということに興味が湧いていった。そして，困っていることを抱えている人に寄り添える仕事がしたいと，ぼんやり思い描くようになっていた。大学3年の時にゼミを選択することになり，発達心理学が専門で小学校での実習もあるということで，迷わず都筑ゼミを希望した。都筑ゼミでは博士課程の先輩とも一緒に学べる機会があり，難しくて理解できないことばかりではあったが，研究としての心理学と実践としての心理学に触れることができた。そして，小学校での実習は，私に心理職の道へ進む大きなきっかけをくれた経験となった。

　実習には，同級生と二人で週に1回，1年間通い，保健室登校をしていた児童と一緒に過ごした。経験も知識もなくどうしたらいいのかわからなかったが，その児童が少しでも学校で楽しい時間が過ごせるようにという思いで，必死に通っていた。なぜ保健室にしか通えないのか，なぜ保健室なら通えるのか，一緒に過ごしてどう感じているのか，とあれこれ思いを巡らす日々だった。それ

でも，どうしていいのかわからないので，児童の気持ちに向き合えるように
と，とにかく一緒に遊んだ。そして，年度末には教室へ行く気持ちが児童に芽
生え，放課後でも教室に入って仲良しの友達と遊べたことには，大きな驚きと
喜びを感じた。支援をしたというには程遠いかかわりであったが，この経験が
大きなきっかけとなり，より専門的に学んで仕事にしたいと考えた。

2.　仕事としてのスタート

　大学院へ進学してから，発達障害の子どもたちの学校生活をフォローするア
ルバイトを始めた。学生とはいえ給料をいただいているので，学ばせていただ
く気持ちもありつつ責任を感じながらかかわっていた。
　子どもたちは自閉症[1]，ADHD（注意欠陥多動性障害）など様々な特性をも
っており，その日の科目や前後の出来事，天気など様々な要因が影響して，会
う度に様子が異なっていた。そのため，「この子は自閉症だからこうしたらい
い」などというようなマニュアル的な対応で済むことは全くなかった。まずは
今日の様子の観察，他の曜日の支援員との共有ノートや担任，スクールカウン
セラーなどから情報収集をして，今の気持ちを推測することが何よりも大事な
ことだった。
　しかし，本人のやりたいことと，学校のルールや先生がさせたいことが異な
ることが多く，どこまで気持ちを優先させるかという判断が非常に難しかっ
た。短時間で折衷案を考えることが毎回の課題だった。また，対応が毎回異な
ったら，さらに混乱させてしまうのではないかと思い，支援員の共有ノートを
確認したり，先生方と相談したりすることで何とか日々を乗り越えていたよう
に思う。
　私は学生だから，アルバイトだから，自分の考えを伝えるのはおこがましい
のではないかと思っていた。しかしながら，自主的に，臨機応変に対応しなけ
ればいけないことばかりだったので，ある程度のマニュアルに基づいて動いて

　1）現在は自閉症スペクトラム障害が一般的名称であるが，当時かかわった方たちの診断名を表
記するために，以下自閉症も使用する。

いた，これまでのアルバイトとは全く違う感覚で働かないといけないと気づいた。そして，子どもたちのためにも，かかわっている周りの人たちとの連携が，非常に大切だと思った。時には先生の対応に疑問を感じ，子どもの状況を説明して対応を提案した方がよいこともあった。だが，まだ知識も経験もほとんどない状況だったために根拠をしっかりと説明できないことが多く，発達障害についてさらに学ばないといけないと身を引き締めることとなった。そして，発達障害児の支援をしていくことの奥深さに，面白みとやりがいを感じた経験だった。

3.　一人職場での葛藤

　大学院卒業後，成人の心身障害者の通所施設に就職した。初めて心理士として常勤の仕事に就いたが，職員の大多数が社会福祉士などの支援員で，心理士は一人という状況だった。前任者は支援員として食事や排泄介助も行っており，手も足りないので業務の中心は生活支援で，検査や面接などのいわゆる心理らしい業務はほぼ行っていなかったようだ。そのため，生活支援に携わることを当然のように私にも求められて面食らってしまった。しかしながら，福祉や重度の障害がある方たちへの知識や経験がなかったので，まず一通りのことを経験して学んでから，心理としての専門性が発揮できる立ち位置を探っていこうと，一念発起した。

　利用者の方たちは，重度の心身障害者の方たちが多く，日常生活の中で何らかの支援が必要であった。そのため，それぞれの方に必要な身の回りの介助を，安心して任せてもらえるようになることが，信頼関係を築くことにつながっているようだった。次第にリラックスして，にこやかに過ごしていただけることが増えていったことで，私の支援を少しずつ認めてもらえたように思えた。女性からはトイレ介助の際に指名されて，個室でお話を伺うような機会も増えていった。特に，身体的な障害のある方は，気持ちよく支援されることが安心感につながるようで，筋緊張もほぐれることにつながるようだった。「（私が）介助すると身体がやわらかくなっている」と看護師から言われたことがあり，心と身体はつながっていると再認識した。そのため，心理士として精神面

を支えていくことは，この場においても重要なことではないかと思うことができた。いわゆる心理らしい仕事はなかなかできないけれども，日常的に会話をしたり気にかけたりすることだけでも，意味のあることだと思うことができ，大きなモチベーションとなった。

　しかし当時の私は，心理士としての専門性を生かしたいという気持ちも強かったので，少しずつ上司に提案していった。一つ目に，カウンセリングのような場が作れたらと思い，私が利用者の話を聞く時間を取ることを提案した。日々利用者に話しかけていたが，いろいろな思いを抱えていてじっくり聞いてほしい，相談したいという方もいらっしゃった。しかし，支援員は日々の活動や介助等に追われて非常に忙しく，そのような時間を取ることは困難だったので，そこを補うような形でカウンセリングの時間をもつようになった。二つ目に，心理検査の実施を提案した。検査を正確に実施することは難しい方が多いので参考程度にはなるが，現在の理解度や興味関心などを客観的に探ることができ，それが支援にもつながるのではないかと考えた。その旨を上司に話したところ，興味をもってもらうことができた。検査から得られた情報を，他のスタッフと会議で共有することで，その利用者への対応などを再検討するヒントとして活用してもらえた。客観的なツールを用いたうえでの評価だったことで，専門性を意識して聞いてもらうこともできたように思う。そして，少しずつ専門職として認めてもらうことができたように感じ始めた。利用者対応について相談されることも増えていき，やりがいを感じることも増えていった。

　それでも，支援員としての業務を求められている空気は強く，「心理士として」という主張はしにくい環境だった。福祉職の業務にプラスになるような提案の仕方をしたことで，少しずつ専門性を保てる業務を確立していくことができたように思う。しかし，現実的には支援の手が必要な場であるので，心理士としての業務だけを主張することは難しく，日々気づいた利用者の変化などを報告するなど小さなアピールも大切にした。

　大多数が福祉職という中で一人違う職種なのは，とても心細く不安なことが多かった。そして，専門的な相談を気軽にできないのが最も困ったことだったが，大学院の同級生や先生などに聞いてもらえたことが大きな支えだった。また，心理だけでなく福祉など周辺領域の専門書も読むことで，エビデンスのあ

る支援につなげていけたのではないかと思う。

 ## 4. 多職種の中で働くこと

　障害者施設でのやりがいは日々増していたが，成人の方とかかわる中で幼児期からの支援に携わりたいという思いが強くなり，現在の職場である療育施設へ転職した。前職場とは大きく異なり，心理士が複数名いるうえに，医師，看護師，PT（理学療法士），OT（作業療法士），ST（言語聴覚士），保育士，ケースワーカーと様々な職種が一緒に働く環境になった。

　心理士の業務としては，心理検査を用いた評価が大部分を占めており，他に継続した面接や学校や幼稚園，保育園などの訪問といったことが中心である。業務内容がある程度決まっているので，仕事がしやすい反面，新規の来談者がとても多く，待機期間が数か月もあるために，時間をかけてかかわることが難しいことが悩みである。しかし，一人の利用者に複数の職種でかかわることが多いので，心理士が継続してかかわっていくことが難しくても，他の職種が継続して支援してくれることも多い。他職種と連携してチームで見ていけることが，この職場での大きな強みだと感じている。

　各職種が評価して，結果を共有しながら検討することが多いので，多面的に理解することができ，新たな気づきが得られやすく，学ぶことも多い。同時に心理士の立場としての意見を求められるため，より専門的な理解や解釈が必要で，責任もあるので緊張する場面でもある。また，一方で利用者の家族には現実の困りごととつながるような，具体的でわかりやすい説明をすることが必要なので，豊かな表現力が必要だと痛感している。

　他に，学校や幼稚園，保育園などを訪問して，先生や家族と情報共有することもある。訪問時は，集団場面での様子を観察して，普段の様子を伺ったり，先生方に評価に基づいて特性を説明したりする。その上で対応を検討し，統一していくことは，周囲の方々と理解を共通化することができ，お互いにとっても得られることが多いと感じている。また，本人にとってもわかりやすいかかわり方をしてもらえるようになることで，安心できる場が増えるのではないかと思われる。他にも，利用している施設のスタッフや，児童相談所など，本人

や家族を取り巻く様々な方とカンファレンスを行うこともある。それぞれの場面での様子を知ることができて，とても有益な時間であるが，話し合う前提の知識として，その地域の社会資源やシステムを理解していくことも必要である。そのためには，自分で調べるだけでなく，ケースワーカーや，時には利用されているご家族から教えてもらったりと，アンテナを張っておくことが大切だと思っている。心理の知識を積み重ねていくことはもちろんのこと，周辺の関連事項も学ばないといけないと痛感することが多々ある。そのため，他職種のスタッフにも，気軽に相談し合えるような関係性を作っていけることが，理想的なのだろうと思っている。

▌ 5. おわりに―支援チームの一人として―

　以上のように振り返ってみると，支援者としてスタートした学生時代から現在に至るまで，他職種の方との連携の取り方が課題であったのだと，再認識した。経験が浅い頃の方が，一人で何とかしようとしたり，「心理士として」ということにこだわりたくなっていたりしたために，周囲に理解してもらえないとイライラすることが多かった。しかし，悩みや困難をもつ方の周りには，家族も含めてたくさんの人がおり，その方たちとも連携を取っていくことが，いかに有益で大切なことかと，時間を経るほどに強く感じている。一人で頑張ろうとしても，どうにもできないことばかりであり，周囲に頼ることが適切に支援していくためには必要だと思われる。また，悩みや困難をもつ方が多くの時間接しているのは，家族や学校など所属している場の方々であるので，その方たちと連携を取れることは，私一人が頑張ろうとするよりもはるかに有意義で，ご本人にとってもよいことばかりだと思う。私がこれまで働いてきた場は，日常的に支援が必要な方たちを対象としていることが多かったので，そのように感じる場面がより多かったのだろう。

　昨年，私自身が出産したことで，現在育児の支援をされる側という経験もしている。出産後の入院中には，様々な医療スタッフが心身のサポートをしてくれ，具体的な育児の方法を指導してもらえたので，安心して退院することができた。現在は，児童館や子ども家庭支援センターで子どもを遊ばせてもらった

り，些細な疑問をスタッフや他のお母さんたちに相談できることが，大きな安心につながっている。また，子どもが生まれてからは，ご近所さんから声をかけてもらうことが格段に増え，地域の人々も心強い存在であることは，大きな発見だった。専門性のあるスタッフだけではなく，気持ちを向けてくれている人たちは，皆その人の支援者の一人なのだと気づいた。仕事上では専門職間での連携ということに重きをおいてしまうが，地域の人々などにも視野を広げることで，よりよい支援につながっていくのではないだろうか。

　専門性をもつことは，一つの視点から深く掘り下げていくことができるので，様々な立場の人と仕事をするうえで必要なことであると思う。しかし，それぞれの立場，専門性は重なり合うことも多く，役割をきれいに分けることは難しいであろう。そのため，重なり合う人々のことを思い浮かべ，理解し合うことが，よりよい支援につながっていくように思う。そのためには，これからも学び続けること，そしてお互いを認め合う気持ちを大切にしていきたい。

高次脳機能障害に寄り添って

介護ヘルパー　飯島陽子

1. はじめに―介護職との出会い―

「介護ヘルパー」と聞いて，あなたはどんな仕事を思い浮かべるだろうか。

高齢者の入浴や食事の介助，あるいは掃除や調理などの家事援助ではないだろうか。私もこの仕事に就くまではそう思っていた。「ただ見ている」ことや，まるで探偵の尾行のような仕事があるとは思いもしなかった。

もともと介護職に就こうと思っていたわけではなかった。時間のあるうちに将来役に立つ勉強でもしておこう。ヘルパー講座を受講したのも，そんな軽い気持ちからだ。そして参加したのが，中途障害者のデイサービス施設が開いていた講座だった。その施設では利用者の自主性を重んじ，お仕着せのプログラムではなく，それぞれがやりたいことを支援していた。パソコンの練習，リハビリ，外出，料理など，利用者が様々な活動をしているのだ。私が思っていた「デイサービス」のイメージとはまるで違う。新鮮な驚きだった。その施設は高次脳機能障害者の自立支援にも力を入れており，私はそこで初めて高次脳機能障害と向き合うことになった。

高次脳機能障害には多くの症状があり，それらが複雑に絡み合って一人ひとり違う現れ方をする。身体的な障害がない場合もあり，外部からは理解されにくい障害の一つである。若い人も多いため，高齢者向けの施設では居場所がなく，障害の性質ゆえに社会復帰にも大きな壁が立ちはだかる。そんな人たちのために自分の時間を使えないだろうか。単に資格を取るだけで本当に学んだと言えるのだろうか。困難な状況に置かれている人たちを知るにつれ，そんな思いが次第に大きくなっていった。

講座でホームヘルパー2級の資格を取得した後，その講座を開講していた施

設の介護事業所で働いてみることにした。この事業所は，デイサービスだけでなく，自宅や公共の場でも高次脳機能障害のことをよく理解している支援者が必要だとの認識から設立された。利用者はいわゆる高齢者ではなく，ほとんどが中途障害や進行性難病の人たちである。その後，私は介護事業所やデイサービスで働きながら，通信制の福祉専門学校で学び，介護福祉士や高次脳機能障害者の移動支援従事者（ガイドヘルパー）資格を取得して，介護や障害者支援への理解を深めていった。

2. 高次脳機能障害と自立支援

　高次脳機能障害について，あなたはどれくらい知っているだろうか。

　私は16年前にヘルパー講座を受講するまで，ほとんど何も知らなかった。学生の頃，心理学の勉強中に失語症についての本を読んだり，半側空間無視の人が描いた不自然に片側が欠けた絵を見たりして，脳の不思議を感じた覚えはある。けれどもそれ以来，思い出すこともなく過ごしてきた。介護の仕事に就き，実際にそういう障害をもつ人たちを前にした時，十数年ぶりにあの本の記憶が蘇った。

　高次脳機能障害は，事故や脳血管障害による脳損傷の後遺症で，注意障害，記憶障害，遂行機能障害，半側空間無視，失語症など様々な症状がある。受傷して一命を取りとめ，リハビリで身体がある程度回復すると，退院して地域での生活に戻ることになる。もともと職場や家庭で役割を持ち，社会生活を送っていた人たちだけに，「職場復帰をしたい」「社会活動をしたい」という希望も多い。しかし，脳の損傷はその後の生活に多くの課題を残す。

　例えば高次脳機能障害者が外出するとしよう。もし地誌的見当識障害があれば，途中で道に迷ってしまう可能性がある。注意障害や半側空間無視のある人は，車に気づかずぶつかってしまったり，駅のホームから転落したりする危険性がある。遂行機能障害では，どうやって目的地まで行くか計画できない，時間の見通しが立てられないなどの問題がある。記憶障害では，目的地や外出すること自体を忘れてしまうことがある。職場復帰の前に，まず職場にたどり着くこと自体が大きな課題なのだ。そこで，私たちのようなガイドヘルパーが外

出に付き添う「移動支援」が必要となってくる。

　移動支援では「デイサービスに一人で通えるようになる」などの目標を立て　て，まずはヘルパーと一緒に出かける。ヘルパーは安全を見守り，必要な時に適切な声掛けや介助を行う。初めはヘルパーが先導し，慣れてきたら徐々に距離を取って利用者の後ろからついていくようにする。バスの乗車中などヘルパーなしで移動できる部分の同行は外していき，最終的には全行程を一人で通えるように支援するが，その最終段階で「尾行」をすることがある。利用者が一人で目的地まで行けると見極めがついたら，「次回からは一人で行ってください」と伝え，ヘルパーはこっそり後をついていく。素人の尾行なので見つかってしまうこともあるが，偶然を装ったり，半側空間無視の死角に入ったりしながら，無事目的地に到着するまでを見届ける。ヘルパーなしで問題なく行くことができれば，移動支援は終了となる。この「尾行」の日に，福祉専門学校の同行実習が当たってしまい，実習を受けていた学生から「介護にはこんな仕事もあるんですね」と目を丸くされたことがあった。高次脳機能障害のガイドヘルパーはまだ少なく，このような仕事はあまり知られていないのが実情である。

　移動時の支援者をガイドヘルパーというのに対し，在宅での介助者をホームヘルパーと呼び，高次脳機能障害者の自立支援にも同様にかかわる。火の消し忘れや，病識の欠如からくる転倒などの事故がないよう見守りながら，家事や日常生活の介助を行うのである。利用者ができることには手を出さず，自立度が高まるに従って介助を減らし，見守りへと移行する。身体の麻痺や高次脳機能障害の症状が重い場合は，ヘルパーなしでの生活は難しいが，利用者が自分らしく暮らせるよう支援していく役割を担っている。

3．ヘルパーの仕事

　ただ見ているだけ，一緒に付いていくだけの場合でも，実際はかなりのスキルが必要とされる。介入するタイミングの見極めは難しく，時には思わぬアクシデントに見舞われることもある。

　注意障害や遂行機能障害がある女性を担当していた時のこと。料理の見守り中，彼女が鍋に入れ損ねた具材がコンロの火の真横に落ちた。次の瞬間，彼女

は火の右側に落ちた具材を，空いている左手で拾おうとして，躊躇なく火に手を突っ込んだのである。注意障害のため，落ちた具材しか目に入らなかったのだ。とっさの制止も間に合わず，彼女は軽い火傷をしてしまった。自立度が高く，ほぼ見守りだけで何でもできるようになっていただけに，「これが高次脳機能障害なんだ」と思い知らされる出来事だった。

　重い高次脳機能障害と片麻痺のある青年の買物同行では，支払いに時間がかかるため，いつもレジに長い列ができてしまう。ゆっくりでも本人が自分でできることなので，私は手を出さず見守っている。しかし，背後の客からは毎回無言のプレッシャー……。そんな買い物を繰り返すうち，店の人がその青年を見かけるとサッと隣のレジを開けて，他の客をそちらに誘導してくれるようになった。やがて周辺には彼に手を貸してくれる馴染みの店が増えていった。本人の努力も私たちの支援も限界がある。しかし，地域の人たちの協力があれば自立の可能性は大きく広がるのではないか。そう感じた出来事だった。また，障害者が積極的に外に出て活動することは，地域の人たちにとっても，障害者とどう付き合うかを学ぶ機会になるのではないかと思った。

　ヘルパーの仕事は基本的に利用者と一対一で行う。そのためアクシデントも自分一人で対処しなくてはならない。介護の知識や技術はもちろん，観察力や洞察力，とっさの判断力や冷静さ，何より高いコミュニケーション能力が必要とされる。気づけば会社員だった頃よりも，ずっと多くの能力をフル活用して仕事をしている自分がいた。時には自分の対応が正しいのか不安になることもあるが，職場にはささいなことでも話し合える環境があり，上司や同僚に意見を聞きながら仕事に向き合うことができた。そして今，少しずつ回復していく利用者の姿に励まされ，彼らを支えることに大きなやりがいを感じている。

4.　上司の教え

　所属する介護事業所の上司は，家族が高次脳機能障害者のため，支援者と利用者家族の両方の視点をもつ人だった。その上司がいつも口にしていたのは「自己満足の介護になってはいけない」ということ。掃除や料理など，ヘルパーがやったほうが当然早いしきちんとできる。あれこれ世話を焼いて手を出し

「よくしてくれる人」だと感謝されれば気持ちがいい。けれどそれは本当に利用者のためになっているのか，考えなければいけないということだ。本人ができることまでヘルパーがやってしまうのは，支援ではなく単なるおせっかいである。他人が手助けをして完璧にするのではなく，出来は不十分でも利用者が自分でできることを増やしていく。それが本当の自立支援なのだと教わった。今でも利用者がぎこちない手つきで包丁を使っていたり，レジでの会計に手間取っていたりすると，つい手を出したくなってしまう。そんなとき「自己満足になってはいけない」と心の中で唱え，ギリギリまで見守るようにしている。

▌5.　障害と向き合う

　働き始めて間もない頃，デイサービスのベテランスタッフと重度の障害をもつ若者の会話を耳にして驚いたことがあった。彼の障害の重篤さについて，お互い笑顔で事も無げに話しているのだ。まるで「髪，癖毛だね」というくらいの軽い感じで。私は当時，障害の程度や受傷の理由について本人と話すことに遠慮があった。「失礼に当たるのでは？」とか「聞かれて辛いのでは？」と気を遣っていたつもりだった。だから二人のやりとりに不安と居心地の悪さを感じたのだ。

　そんなある日，バイク事故で障害者となった青年が，私のバイクをわざわざ見に来てくれたことがあった。その後も会うたびに「バイクの調子はどう？」と声を掛けてくれる。障害の原因となったバイクでも，好きなものは好きなのだ。障害を負ったからと言って，それまでの半生もこれからの人生も，否定されるわけではないと気づいた。

　また，ある同年代の女性利用者はヘルパーに対して「思い込みで介助しないでほしい。わからなかったら何でも聞いてほしい」と望んでいた。障害のある人の家では，戸棚やドアが開けたままになっていることがよくある。ついきちんと閉めたくなるが，手の麻痺があるので開けにくい，などの理由がある場合が多い。それを「扉は閉めておくもの」という思い込みでいつも閉めていたら，かえって迷惑になってしまう。

　介護者は利用者の生活全般に深くかかわる。変な遠慮をして相手をよく知ら

ずにいたら，いい介護や自立支援ができるわけがない。ベテランスタッフと重度障害の若者がしていた，障害についての軽口のような会話も，正しい理解や信頼関係があってこそのものだったのだ。そのことに気づいてからは，利用者との関係を築いていく中で，積極的に相手を知る努力をするようになっていった。

　障害を負った人たちに対して遠慮があったのは，どこかに障害をタブーだと思う気持ちがあったのだと思う。今では，障害はその人が得た個性なのだと感じている。障害者に接するうえで必要なのは，腫れ物に触るような「遠慮」ではなく，一人ひとり異なる不自由さに寄り添う「配慮」だったのだと気づいた。

▌　6.　暮らしやすい社会へ

　障害のある人たちの背景や受傷原因を知るに従い，「私とこの人たちの立場が逆でもおかしくないのでは？」と思うようになった。会社や家庭や学校で元気に日常を過ごしていた，私と同じような人たち。そんな人たちが，ある日突然事故や病気で障害者となり，その後の人生が大きく変わってしまうのだ。「ちきしょう，歩きてーな」と自分の膝を強く叩いていた，同い年の車椅子の男性の姿を今でも忘れられない。障害者として生きる，そんな人生が待ち構えているとは思ってもいなかっただろう。でもそれは，自分や家族に明日起きることかもしれないのだ。自分の足で歩く，好きなものを食べる，自分の言葉で思いを伝える……そんな当たり前の日常が，かけがえのない大切なものなのだと知った。

　しかしこの先，たとえ障害を得ず人生を過ごせたとしても，歳を取れば足腰が弱り，記憶力も衰える。いずれ他人の助けを必要とする日がやってくる。障害者が暮らしやすい社会とは，未来の私たち自身が暮らしやすい社会ではないだろうか。私たちヘルパーが，そんな共生社会への一助となれば幸いである。

▌　7.　おわりに

　障害の有無は「優劣」や「上下」ではなく，単なる「違い」ではないだろう

か。これは国籍や性別，職業，宗教などについても言えるだろう。大切なのは，様々な違いはあっても，一人ひとりを理解し尊重すること。それがあらゆる対人関係の基本だと思う。そのことを忘れずに，これからも支援を必要とする人たちに寄り添っていきたい。

高次脳機能障害とその課題

高次脳機能障害者数の推計

　2008年に行われた東京都の「高次脳機能障害者実態調査」によると，1年間で新たに高次脳機能障害者となった人の数は東京都内で3,010人であった。そこから推計される高次脳機能障害者の総数は東京都で49,508人（男性33,936人68.5%，女性15,572人31.5%），全国では約50万人と推定される。近年では救急医療の発達によって助かる命が増え，それに比例して高次脳機能障害者の数もさらに増加していると考えられる。

発症原因と症状

　発症の原因は，50代以上では脳血管障害が最も多く，50歳以下の成人層では交通事故などによる頭部外傷が最も多い。また子どもにおいてはウイルス感染症などに伴う急性脳症や，溺水による低酸素脳症も多く見られる。
　障害の内容では，行動と感情の障害44.5%（意欲の障害，抑うつ状態，不安，興奮状態など），記憶障害42.5%（覚えられない，誤った記憶に基づく作話など），注意障害40.5%（注意力，集中力の低下），失語症40.4%（読み書き，会話に関する障害）が多く見られる。また高次脳機能障害者の約6割は身体の障害を併せ持ち，その症状としては手足の麻痺や歩行時のふらつきなどが多い。

発症後の経過

　高次脳機能障害の各症状は，発症後1年ほどは大きな回復を見せることがあるが，3〜5年ほどで症状はおおむね固定されると言われている。そこで重要になるのが早期のリハビリテーションである。しかし，医療機関では記憶障害や注意障害といった機能障害に対するリハビリが主であり，家庭や社会生活に戻って初めて社会的行動障害などに属する困難に直面することもある。機能障害がごく軽度で高次脳機能障害と診断されず，生きづらさを抱えたまま社会で生活している人も相当数いると考えられている。

社会生活における課題

　高次脳機能障害者が社会生活を営むうえで大きな問題となるのが外出や就労

である。障害によって外出頻度が減少したと回答した人は76.8％で，その理由として「介助者がいない」を挙げたのは43.4％であった。就労について見てみると，発症時に仕事をしていた人は62.6％いたものの，発症後はわずか10.1％に減っている。また，仕事をしていない高次脳機能障害者のうち，50.3％が就労を希望していると答えているが，状況は厳しい。「やる気が出ない」「疲れやすい」などのわかりにくい症状が職場の理解を得にくく，就労の妨げの一因になっていると考えられる。一方，高次脳機能障害者の中には，病識の欠如から「職場で評価されていない」という思いを抱き，トラブルやうつ病になる人もいる。そのため就労においては，本人の職業訓練に加え，職場における障害特性の理解や，ジョブコーチによる支援などが必要となる。また，ガイドヘルパーなどの適切な介助があれば，高次脳機能障害者の外出や就労機会の増加が期待できると思われる。

参考文献

東京都高次脳機能障害者実態調査検討委員会（2008）. 高次脳機能障害者実態調査報告書
高次脳機能障害全国実態調査委員会（2016）. 高次脳機能障害全国実態調査報告
中島八十一・今橋久美子（2016）. 福祉職・介護職のためのわかりやすい高次脳機能障害　中央法規

福祉施設で思うこと

地域活動支援センター相談員　龍野理恵

 ## 1. はじめに

　中央大学哲学科心理学専攻を卒業してから約20年間，私は心理学を活かした仕事をしていなかった。しかし，全く興味がなかったわけではなく，新卒で入った建築会社を結婚を機に退職した時には，次は精神障害分野に携わる仕事をしたいと思い，精神病院に履歴書を送ったこともあった。しかし，精神病院からの反応は全くなかった。心理学を学んだというだけで，精神病院で働くことのできるスキルも知識も全くなかったのだから，当然と言えば当然である。

　その当時は，精神保健法が精神保健福祉法（正式名称「精神保健及び精神障害者福祉に関する法律」）に改正（1995年）されたばかりで，対精神障害者支援に関しては，現在のような福祉施策が充実しておらず，保健医療施策が中心であった。そのため，精神病院で働くためには保健医療の勉強をしなければいけないと思い，作業療法士を養成する学校への入学も考えた。しかし，子どもを授かったことで，それもいつの間にかうやむやになり，いつしか私の頭から精神障害者支援という言葉は消えてしまった。

 ## 2. はじめての福祉の世界

　家の近所に，小さな洋菓子屋さんがオープンしたことに気づいた。2013年のことだった。美味しい，という噂は耳にするのだが，平日のみのオープンで，しかも閉店時間は16時。当時フルタイムで貿易商社に勤務していた身であったので，なかなか訪れることはできず，その店の開店時間の短さに，「なんて商売っ気のない店なのだろう」と不満に思ったこともあった。

　その後，その店のことを調べると，そこが就労継続支援と呼ばれる福祉施設であることがわかった。さらに，そういった施設の中には，お菓子の製造販売だけでなく，ハンドメイド作品を販売する施設や，利用者の描く絵をアートとして販売している施設もあること，そして，そこに通う人の対象には，身体障害者や知的障害者ばかりでなく，精神障害者も含まれることもわかった。

　私は，小学生の頃から，「心が病気になるってどんなことだろう」と精神病に興味をもっていた。大学で心理学を学ぶことを選んだのも，その興味からだった。その一方で，手芸をはじめとする物づくりが好きで，週末は縫い物をしたりペンキ塗りをしたりして過ごす子どもでもあった。図工も大好きで，放課後，毎週のように図工室に遊びに行っていた。しかし，そこでは絵を描くでもなく，当時40歳前後の独身女性であった図工の先生の話し相手になっていた。子どもの私から見ても，どこか社会に馴染めなさそうな独特の雰囲気をもっていたその先生のことが私は大好きで，画材の匂いのする西陽のさす図工室で先生の淹れてくれた紅茶を飲みながら，職員室で過ごすことを拒む先生の話に耳を傾ける時間は，どこかカウンセリングのようでもあり，思い出深い時間であった。

　そんなこともあり，「精神障害者支援」「物づくり」「アート」というワードに次第に引き寄せられていった。そして，「精神保健福祉士」という国家資格が誕生していたことを，この時初めて知ったのである。以前精神病院で勤務することは叶わなかったが，精神障害者をサポートしながら物づくりができる仕事に強く惹かれ，長く勤めていた会社を辞め，資格取得を目指すことにした。

　退職後，これからどう動くのかを模索していた時に，介護福祉士資格をもつ友人から，まずは入り口として，対人援助の基礎が学べる介護職員初任者研修の資格を取ることを勧められた。そこで，失業保険を受給しながら，公共職業訓練制度を利用して，介護職員初任者研修の資格を得た。そして，訓練指定校の紹介で就労移行支援事業所に勤務することが決まった。しかし，正直なところ，当時の私は，就労移行支援と就労継続支援の区別もよくわかっていない素人だった。

　勤務先のその施設は，就労移行支援と名乗ってはいるものの，就労を目指す人は少なく，緩い生産活動を行っていた。知的障害者が8割ほどを占めていた。

就労移行支援事業

　就労を希望する 65 歳未満の障害者で，通常の事業所に雇用されることが可能
と見込まれる者に対して，①生産活動，職場体験等の活動の機会の提供，その他
の就労に必要な知識及び能力の向上のために必要な訓練，②求職活動に関する支
援，③その適性に応じた職場の開拓，④就職後における職場への定着のために必
要な相談等の支援を行う。
　利用期間は原則 2 年間で，企業等への就労を希望する者が対象となる。

　精神障害者支援しかイメージになかった私は，初日に施設に足を踏み入れた
途端に数人の知的障害をもつ利用者にワーッと囲まれ，パニックを起こしたの
を覚えている。頭の中がまさにハテナマークとビックリマークだらけだったその時，私を囲む人たちの中から，ダウン症だと見受けられる男性が歩み寄っ
て来て，こう話かけてきた。「僕の名前は○○です。あなたの名前はなんです
か？」と。私が名乗ると，「タツノさんね。よろしくおねがいします」と握手を
求めてきた。今までダウン症の人と交流する機会もなかった私は，どこか遠い
存在であったダウン症の人に名前を呼ばれ，しかも先方から握手を求められた
ことに，異国の有名な俳優に声をかけてもらえたような驚きと嬉しさを感じた
のを覚えている。

　どこか遠い存在，といえば，生活保護という世界も同じだった。ニュースで
しか聞いたことのない世界であり，受給者と会うのも（おそらく）初めてのこ
とだった。頻繁に飛び交う「生保」という言葉が，「生命保険」ではなく「生活
保護」を指すことがわかったのもしばらく経ってからだった。今まで生活して
きた環境とは大きく異なる世界があることに，40 歳を超えてから気づかされた
ので，毎日が勉強の日々だった。

　話は初日に戻るが，その日の午後，50 歳を超えるであろう自閉症スペクトラ
ム障害と軽度知的障害を有する男性二人が大喧嘩をしていた。お互いの胸ぐら
をつかみ合うほどの大きな喧嘩だった。仲裁に入ろうとして二人の言い分に耳
を傾けると，「オマエはフツウじゃない」「オレはフツウだ！」と怒鳴り合って
いるではないか。「フツウ」「フツウじゃない」だけで，なんでこんなに長時間

喧嘩が続くのだろうと眺めているうちに，ふと，彼らにとって「フツウ」とは何だろう，と頭をよぎった。当時の私にとってフツウは，フツウ高校を出て，フツウの大学に行って，フツウに就職することだったのかもしれないが，それを意識したことはなかった。でも，目の前の二人は「フツウ」について真剣に喧嘩をしているではないか。フツウって何だろう。今もなお，私の中のテーマの一つである。

　勤務2日目は，施設の利用者を連れてマイクロバスに乗り，市内の小中学校を周る仕事だった。その日は特別支援学校の高校2年生の女子生徒を実習生として預かっていて，私はその子の隣に座って安全を守る役割を担った。おそらく慣れない環境で彼女も不安だったのだろう。バスが信号で止まる度に，興奮して手足をバタバタさせるのだ。無理に手を握るのもかわいそうだと思って言葉で制すると，さらに興奮して私を殴ったり蹴ったりしてくる。それが2時間以上続いたおかげで，私の両腕と太腿には大痣ができてしまったのだった。夕方家に帰ると，私の家族は不憫に思ったのか，そんな安い給料で怪我させられるような割に合わない仕事は早く辞めるように訴えてきた。でも，私はなぜか辞めたいとは微塵も思わなかったのである。それは，特別支援学校生の彼女が私の娘と歳が近く，母親的な気持ちになっていたからだと思う。もし自分の娘が，行く先々で迷惑な存在だと思われたら……。それを考えたら，せめてこの場所（私の勤務する施設）だけでも受け容れて，彼女にとっても彼女の母親にとっても安心できる場所にしたいと思ったからだった。たぶん私が20歳そこそこで同じ体験をしたら，きっと怖がってすぐに辞めていたと思う。年齢を重ねるのも悪くはないな，と感じた出来事だった。

　施設の利用者は，知的障害や精神障害を有する人たちであったが，一口に「知的障害」「精神障害」と言っても，抱える障害は様々で，性格や気質は人それぞれ違っている。そのため支援側の対応も異なってくる。マニュアルどおりにはいかないのである。しかし，障害や疾患にはそれぞれ特有の症状があり，それを知ることで見えてくる利用者の側面もあるので，障害特性を学ぶことは必須である。

　施設での時間は，基本的には賑やかでとても楽しい時間であった。しかし，想像を超えた行動や喧嘩が毎日のように繰り広げられると，障害特性を理解し

たとしても，ハラハラすることも多々あった。ハラハラを通り越してイライラする時は，全利用者のフルネームが書かれた名簿を見ることを習慣づけていた。名付けられた名前の意味を想像するのである。彼らが生まれた時に親が命名した思い（＝親の思い）に気持ちを馳せると，多少いらついた気分も鎮まるからだった。また，障害者が65歳を超えると障害福祉サービスより介護保険サービスが優先されることを知って，人間はみんな同じように母親から生まれて，その後障害の有無はあるものの，老後の制度はまた皆同じなんだな，としみじみしたりもした。

　こうして振り返ってみると，子育ての経験は，支援の仕事においてとても役立っていると思う。子育てをしたから良い支援ができるという意味ではなく，利用者との関係で悩んだり気持ちが揺らいだりした時に，自分の体験に置き換え，利用者も人の子だと思えることで気持ちを整理することができ，自分自身が楽になれる気がするのだった。

3. 精神保健福祉士となるまで

　そうやって仕事をしていくうちに，別の疑問が湧いてきた。そこに通う数名の精神障害者と呼ばれる人たちに対しての疑問だった。

　彼らはみな社会経験のある人で，中には元教師も含まれていた。私よりも知識も経験も豊富な人たちである。しかし，そんな彼らが重い知的障害者と同じ「利用者」というくくりにされてしまって不満に思わないのだろうか。それが不思議で仕方なかった。時間をかけて人間関係を築いた後，ある日それを本人たちに問うたことがあった。生まれつきの知的障害者と同じ「利用者」というカテゴリーに括られてしまって嫌じゃないのかと。

　しかし，彼らからの返事は，「人間関係に疲れているので人とかかわりたくないが，独りは嫌なので，煩わしく感じない知的障害の人たちと過ごしたい」「知的障害の人たちの面倒を見ることで，失っていた自分の存在を感じることができる」というものだった。支援する側，支援される側，という，ある意味上下関係のような物差しで知的障害者と接してきた私には，「同じ人間」という目線で接している精神障害の利用者に対して，素直に「すごい」と感じた。そして

　一方で，精神病を患うことで，「障害者」であり「利用者」となる重みを感じた
のだった。私が精神病を患ったら，どのような思考になるのだろうかと思った
りもした。

　もっと様々な精神障害者と接してみたいという気持ちになり，転職を決意し
た。転職先は就労継続支援 A 型施設。A 型施設では利用者が施設と雇用契約
を結んで働くため，最低賃金が保証される。都内の施設なので，最低賃金は全
国で 1 番金額が高い。隣県に住む身から見たら，とても羨ましい額である。

　その施設に通う人たちは，統合失調症や高次脳機能障害などにより精神障
害者保健福祉手帳を有する人がほとんどであった。しかし，前施設と異なるの
は，雇用契約を結べるほどまでに病状が安定しているということだった。電車
に乗って通勤できる，ということからも，安定がうかがえた。また，昼食代に
700 円以上も支払える余裕さにも衝撃を受けた。施設労働での収入と障害者年
金を合わせると，裕福とは言えないもののある程度まとまった収入にはなる。
病気の症状が安定しているから働けるのだろうが，収入が安定しているからこ
そ精神が安定するのだろうと率直に感じた。

　その後，同じ法人の B 型施設に異動することになったが，どちらも物作りへ

就労継続支援 A 型事業

　通常の事業所に雇用されることが困難であり，雇用契約に基づく就労が可能で
ある者に対して，雇用契約を結び，就労の機会の提供や，就労に必要な訓練等の
支援を行う。利用期間に制限はなく，就労移行支援事業を利用したが企業等の雇
用に結びつかなかった者や，特別支援学校を卒業して就職活動をしたが企業等の
雇用に結びつかなかった者などが対象となる。

就労継続支援 B 型事業

　通常の事業所に雇用されることが困難であり，雇用契約に基づく就労が困難で
ある者に対して，就労の機会の提供や，就労に必要な訓練等の支援を行う。利用
期間に制限はなく，就労経験があるが一般企業に雇用されることが困難となった
者や，50 歳に達している者，障害基礎年金 1 級受給者，就労面での課題がある
者などが対象となる。

の意欲の高い利用者が多く，同じ障害者を支援する施設でも，いろいろな施設があることを知った。

　ちょうどその頃，「平成 30 年度障害福祉サービス等報酬改定」（2018 年）の政策が行われた。様々な改正点がある中で，就労継続支援においては，A 型施設では一日の平均労働時間をより長くし，B 型施設では一月あたりの工賃額をより高くした方が，国から施設側に支払われる報酬が高くなるように改正されたのである。簡単に言うと，利用者に支払う賃金（B 型事業所の場合は工賃）の向上がより求められ，それに対応できた施設側にもさらなる報酬が支払われる，というものだった。

　利用者の手元に入るお金が増え，就労意欲を高めるという点ではよい改正ではある。しかし，一方では，施設側が利用者に対して働くことを強いてしまうかもしれないことで，働けない，働くレベルまで到達できていない精神障害者が置き去りにされてしまう感じを，私は受けた。たしかに，一般的には，働かないよりは働いた方がいいと思う。でも，「働くべきだ」という価値観を支援者がもつことは，時に人を追い込んでしまうのではないのか。

■ 4.　相談支援，そしてこれから

　精神保健福祉士となり，現在，私は地域活動支援センターに勤務している。通称，地活と呼ばれる施設である。地活を知ったきっかけは，精神保健福祉士の主な勤務先の一つに地活が含まれていたからであり，地活を選んだのは，先に述べた「平成 30 年度障害福祉サービス等報酬改定」がきっかけで，「精神障害者と就労」というものから一度離れてみたいと思ったからである。

　精神保健福祉士になりたてで右も左もわからず，相談に乗るスキルもそれほどないのに，相談室の枠を設けた時は，本当にドキドキだった。それでも通所者が心を開いて相談に来てくれたことは，とても励みになった。中には「死にたい」と言い，「こんな気持ち，今まで言えなかった」と目の前で泣き崩れる人もいた。そんな大きな問題を私なんかに話してくれてありがとう，と一緒に泣いてしまう私はまだまだ相談員としては未熟者である。

　相談の内容は心の問題だけではなく，生活の問題も多くある。地域の福祉資

地域活動支援センター

　障害者総合支援法に基づき，障害者等を対象に創作的活動または生産活動の機会の提供，社会との交流促進などの機会を提供する支援機関。

地域活動支援センターⅠ型
　専門職員（精神保健福祉士等）を配置し，医療・福祉及び地域の社会基盤との連携強化のための調整，地域住民ボランティア育成，障害に対する理解促進を図るための普及啓発等の事業を実施する。相談支援事業を併せて実施する。

地域活動支援センターⅡ型
　地域において雇用・就労が困難な在宅障害者に対し，機能訓練，社会適応訓練，入浴等のサービスを実施する。

地域活動支援センターⅢ型
　地域の障害者のための援護対策として地域の障害者団体等が実施する通所による援護事業の実績を概ね5年以上有し，安定的な運営が図られている施設が該当する。生産活動や交流の場の提供など，様々な活動を行う。

源と結びつける知識も必要となってくるので，社会福祉士の資格も取得したが，実践に知識が追いついていけないのが目下の課題である。大変なことも多いが，生活のしづらさを抱える人と共に解決策を探していくこの仕事は，とてもやりがいのある仕事だと感じている。

5.　おわりに

　最初に勤めた施設の遠足で博物館に出かけた時のこと。10代の自閉症スペクトラム障害の利用者男性が迷子になってしまった。職員が手分けして探していた時，階下から聞き慣れたいつもの叫び声が。やっと見つけたと思い嬉しくなって駆け寄ると，彼の周りから，複数の母親が幼い我が子を庇うように抱え込んで逃げていくではないか。まぁ，長身の男性が大声で叫んでいるから離れたくなるのも無理はない。でも，彼は叫ぶことはあっても，他人に手を出す人ではないのだ。それは，毎日一緒にいて，彼の人となりを知っているから，そ

う言えるのである。

　その出来事以降，電車の中でブツブツ独り言をつぶやく知的障害者らしき人を見かけると，避けることをせず，独り言に耳を傾けるようになった。すると，豊富な電車知識だったり，暗記している芸能人の誕生日だったり，と，なかなか趣深い。そして見知らぬその人に興味が湧くようになり，楽しい時間になるのだ。見かけだけで判断せず，その人を知ろうとすることの大切さだ。

　精神障害者に対しても同じことが言えると思う。

　街では心療内科クリニックの看板を多く見かけるようになり，メンタルヘルスの問題で病院に行く敷居は昔と比較して低くなったとは思うが，「精神障害者」というと，まだまだ社会からの大きな偏見がある気がしてならない。しかし，実際に現場で精神障害者と呼ばれる人たちと接すると，とても繊細で優しく，思いやりのある人たちばかりだと気づかされる。このように感じるのは，きっと私だけではないはずだ。私は，この仕事での経験を通して，「ここ（精神障害者支援施設）に通う人たちが中心となって世の中を回していけば，人を気遣う優しい世の中になるに違いない」と本気で思っている。

　精神を病むことは，誰にでも起こり得ることである。だからこそ，病んだ人に対して理解を示し，病んだ人もそれを隠さないで普通に生きていける世の中であって欲しいと願っている。そのために，これからも精神障害者を支援する活動を行っていきたい。

 人との出会いと向き合い方

障害者支援施設施設長　倉知俊一

 1.　はじめに

　私は，主に知的に障害のある方の日中の生活を支援する仕事（生活支援員）に就いている。勤務している事業所の利用者[1]さんの多くは，言葉でのやりとりが難しく，様々な支援を要する支援度の高い方々である。利用者さんと向き合いながら，そして職員集団の中で働きながら，支援者としてどんなことを感じてきたのか，まとめていきたいと思う。

 2.　昔の自分を振り返った時に感じること

　ちょうど，この原稿の執筆依頼を受けた頃が，勤務上で一つの節目を迎えようとしていた時であった。あらためて今の自分を振り返って，このご縁を次のステップにつなげていけたらと考えている。

　「成長って，どういうことなんだろう？」，ましてや自分自身の内面の成長を自分で振り返ることは，当初イメージが湧かなかった。「成長」という言葉の意味やイメージにとらわれてしまったからかもしれない。ただ，大学を卒業して社会人として働き始めた頃と今を比べると，「自分の考え方が変わった」という感覚ははっきりと感じられている。

　大学を卒業して20年弱が経つので，誰でもあの頃と同じようにはいられない。外見も体力も変わっていくので，至極当然なことだ。しかし，考え方や感

---

1)　障害福祉サービスを提供する事業所に通われる方々のことを，一般的にこのように表現している。

じ方が変わっていくきっかけを作ってくれたのは，自分の場合「人との出会い」である。そして，その中でも「大切な人たちとどのように向き合うか」を考えていくことが今の自分の考え方やあり方を作っているのだと，振り返ってみると強く感じている。必要な時に必要な人に出会えていたのかもしれない。人間関係なので，全て良好な関係だったわけではないし，自分にとって全てがプラスだったわけでもない。でも，そういう関係であっても，その時一緒にかかわってくれた「人」の助けを得ながら自分なりに乗り越えてきたことが，何らかの糧になっていると感じている。その時に支えてくれた「人」たちに恵まれていたのだと思う。

▌ 3. 自分自身を解放できた？　大学時代

　大学に入るまでは，内気な方だったと思う。積極的に友達に話しかけるということはできなかったという思い出がある。大学に入って，学部やサークルで多くの友達や，先輩に出会う中で，いろいろな考え方に触れるようになり少しずつ自分自身を解放できるようになってきた。それは，自分が感じたことややりたいことを仲間に何げなく話しても，受け入れられていたからだと思う。関係ができているから批判されたとしても，自分もそれを受け入れられるし，傷ついたりショックを受けたりしても修復できる関係が成り立っていた。

　けれども，その頃は自分のセルフイメージがはっきりしていなかったし，自分のことしか考えていなかったように思う。自分の考え，感じ方を中心に物事を捉えてしまうことが多かった。だから，相手がどう感じているのか，どうしてほしいと思っているのかということは，頭でわかったようでいても全然意識した行動はできていなかったかもしれない。

　そのことも結局就職して，しばらく経ってから気づいたことである。これは今でも後悔の思いが消えていない。

　学部3年生くらいから，将来は臨床心理士を目指したいと漠然と考えていた。そのときに先輩に紹介されたのが，フリースクールでのボランティアであり，学校に通えないお子さんのお宅に行ってかかわるというデリバリースタッフのお仕事だった。ボランティアを始めてからしばらくして，1人の男の子の

デリバリースタッフとして担当につかせていただくことになった。

　週1回，2時間程度，ご自宅にお伺いして一緒に遊んだり，話したりしながら過ごした。このようなことは初めてだったが，「気負わずにやってみて」という言葉をもらって，手探りながら彼の信頼を得ようとモチベーションは高かった。彼が少しずつ感情をあらわにするようになってきて，それをぶつけてくれるようになるところまで関係はできてきた，という実感を得られるようになった。それが1年弱経った頃である。ただ，この頃はプライベートでもサークルでも時間が取りづらくなってきた頃で，どうしても予定が空かず，彼と会う日もキャンセルさせてもらうことがあった。

　そうやって一度キャンセルしたことで，何となく気持ちが切れ切れになっていってしまったのだと思う。今日疲れてるな…，もう少しだけ友達と遊んでようかな，テスト勉強が間に合わない…とか，何かにかこつけて自分を正当化するようになってしまっていた。

　彼との変化していく関係性に自分がついていけなかったのもあるし，何より彼のことを中心に考えていなかった。彼がどんな思いでいるのかとか，まったく考えられなかったわけではない。しかし，そう考えたとしても，「でも」という自分を正当化する「自分」の言葉が行動として実行されていたのだ。結局，自分が忙しくなってしまい，フリースクールへの参加を辞退させていただく形で，彼との関係は終了することになった。

　その時は，結果として終了にはなってしまったものの，多少の達成感は感じていたと思う。ただ，就職してから利用者さんやそのご家族と向き合う中でこの時のことを思い出すと，なんて中途半端な向き合い方をしていたのだろう，どうして彼のことを真剣に考えられなかったのだろうと，後悔と反省の思いが強く湧き出てきたのだった。

4.　就職してからの人との出会い

　臨床心理士を目指していたので大学院に進学しようと思っていたが，その前に必要な費用を得るために，まず働こうということで就職。正規職員ではなく，当時は契約職員という形で入職した。それでも，この仕事が楽しくなって

しまい，そのまま正規職員として雇用されることになった。それが4年目の時である。契約職員として3年も過ぎると，周りからマイペースと言われることが増えてきた。マイペースと言われるのは，けっして褒められてはいないだろう。うすうす自分でも気づいてはいたが，何がマイペースと言われる所以かわからず，あまり気にしていなかった。

　6年目でやりたいことが明確になり，異動を願い出る。それが通って，児童部門の事業所から離れて，成人の方が日中通われる成人部門の事業所に配属となる。それまでの個別，自分のペース配分で行える仕事スタイルと180度変わり，3～5人の職員が組んで活動するようになったことで，自分のマイペースさがさらに浮き彫りになったようだ。今思えば，このマイペースさは周囲への配慮不足だったように思う。少ししてから，陰口を叩かれたり，上司から邪見に扱われたりする場面が出てきた。異動してからの2年間くらいはそれまでの自信が揺らぎ，もやもやと葛藤しながら浮かない気持ちで仕事を続けていた。ただその時の上司は，口は悪くてもしっかりと伝えてくれる人であったので，その時自分に大きく欠けている部分を気づかせてくれたのだと感じている。

　職場で同じチームで働いていた同期の仲間にはかなり助けてもらった。彼女は，行動する時に必ず仲間のことを気にかける。「待たせてしまうから，ここはこうしよう」とか「（この仕事は）時間がかかるから，私は後回しでいい」とか。かたや自分はと言うと，そのように他人の思いにまで配慮した思考回路ができていないので，思いついた自分なりの考えを言い放ってしまう。立場上，リーダーということもあったので，何か言いたくても他の仲間は遠慮して言い出せなかったのだろう。

　そんな彼女と一緒に仕事をしていくことで，自分がどれだけ他人の思いに配慮が欠けていたか痛感したのだ。同時に，それをどういうふうに行動に移していくのかも学ばせてもらった。そのようにして，自分に何が足りていないのかとか，どうしていったらいいのかをその都度自問自答して，それを実践していく中で徐々に「変わってきたね」と言われるようになってきた。上司からは，「結果を出したんじゃないの？」という言葉をいただき，とても嬉しかったのを覚えている。

▌5.　異動先での利用者さんとの出会い

　一方で職務内容では，自閉症（現在では，自閉症スペクトラム障害，と呼ばれている）と言われる方々の日中支援を任されていた。単語で会話をされる利用者さんもいたが，ほとんどの方が会話のやりとりは難しい方ばかりである。障害特性ゆえに，こだわり行動（物の位置や水などに強い執着が見られる）や自傷や他害行為もある。彼らと信頼関係を築いていくために，どうしてこういう行動をするのか，その行動をしている時に何を考えているのか，感じているのかを，正解が出なくとも頭が痛くなるくらい考えるようになっていた。

　重度[2]の知的障害をもつ自閉症の方の支援に入っていた時である。その方は，その日に限ってシンクの方へ向かい水を飲もうとすることが頻回にあった。蛇口も適度に回すことが難しく一度ひねると大量に水を出してしまう。むやみに水を飲ませてしまうわけにもいかない。結局その行動を別の行動に促したり，止めたりするのを繰り返すようになってしまった。そのこと自体は初めてのことではなく，以前にも見られた行動だったので，特になぜ？と考えることもしなかった。しかし，その日に限って特に頻発していたので，こちらも穏やかな気持ちではいられなくなっていたのだ。そんな時，「あれ？　なんで水を飲むんだっけ？」とふと考えがよぎり，自分だったら喉が渇いた時だよなぁとなんとなく自問自答していた。そうしたら，その方の行動が障害特性ゆえのこだわりの行動としてでなく，単純に喉が渇いて水が飲みたい，というアピールではないのかと捉え方を変えることができた。そして止めるという支援から，飲みたいという行動に対して，少しずつ水分を渡すという支援に変えられたのである。止められてイライラし始めていた利用者さんが落ち着き始めて，そういうことだったんだとこちらも気持ちが楽になった経験をした。

　このように捉え方を変えて考えていくことで，より利用者への理解が深まっていったように感じている。それまでは，障害特性から利用者を考えていたのに対して，障害も障害ゆえの行動や特性もまるまる含めて，一人の人間として

2）国の制度として療育手帳があり，それにより「A」と判定された方。東京都では「愛の手帳」と呼ばれ，A は 1 度あるいは 2 度と判定された方々に該当する。知能指数での判定基準は，1 度が 19 以下，2 度は 20 〜 34 となる。

向き合えるようになってきたのだと思う。

6．利用者さんとの深いかかわりを通して

　また，私たちの事業所を利用していた利用者さんが，様々な事情から通所できなくなることがあった。集団活動に参加できなくなり，活動を強く拒否するようになったのだ。私がその方の担当になり，一対一での支援に入ったことがある。その方も重度の知的な障害があり，発語はない。こちらの言っていることは多少伝わっているだろうと思われる程度である。

　知的に理解が難しい方々は，日々の生活パターンやかかわる人，周囲の環境の中に手がかりを見つけたり，あるいはその人なりに手がかりを見出したりしながら生活している。私が担当になった方は，その手がかりを何らかのことをきっかけに見失ってしまったのだと思われた。ましてや，どうしたいとか，これが不安だとか，言葉に出して伝えることもできないので，混乱を通り越してご本人から見える世界は混沌に満ちたものだったかもしれない。

　2年以上一対一での支援を行った。周囲の環境やコミュニケーション手段の整理，本人の苦手なことの理解など，一つひとつ時間をかけて丁寧にかかわるようにした。かかわり始めて現在6年目になるが，以前のように穏やかに通所できるようになっている。

　言葉でのやりとりができないということは，彼らの行動が意図するところを細やかに考えていくしかない。それでこうしてみてだめだったら，次はあれをしてみる，それでもだめだったら別のことをする，それでもだめだったら……と，とことん相手の立場になって考えてみるようになったのだと思う。

　そうしているうちに，このように相手のことを考えられるのならば，一緒に働く大切な仲間に対してもこのように考えられたら，より働きやすい職場になるよなぁと考えるようになっていた。

7．立場が変わってみて

　一対一での支援をしていて，障害のある方だから丁寧につきあっている，向

き合っているのか？という風に考えたことがあった。「障害の特性上その必要性はあるけれども，それだけではない。同じ人間として，どう向き合うか，どうつきあっていくかではないだろうか？」そう思ったからこそ，前述したように一緒に働く仲間にも同じように向き合えたらいいよなぁと感じたのだ。

　ちょうどその頃に，事業所の主任を任命され，一グループリーダーから，職員集団をまとめていく立場になった。ご家族や外部関係者の方などとも接するようになり，今まで以上にたくさんの方々とお会いしたり，お話したりする機会が増えた。そのやりとりの中で，「丁寧に向き合う」ということを自分なりに実践してきたように思う。自分と相性が合う人やそうでない人がいたり，相手に感じる直感的な印象だったりを，自分はそのように感じるのだなとわかるようになってきた。それから，自分自身は感情が比較的表に出やすくわかりやすい方で，なおかつ感情に行動が流されやすいので，人とのやりとりの中で感情コントロールも大いに身につけられたと思う。これが自己覚知というものなのだろうか……。

　さて，この文章を書き始めた頃，次年度の異動が決まってバタバタと引継ぎをしている最中だった。すると数人の職員から「今のこの職場の雰囲気を作ったのは，倉知さんですから」と言われることがあった。実践してきた結果とは，自分自身では言い切れない。けれども，新人1年目からベテランまで和気藹々としていて，他事業所の職員から言わせると職員の雰囲気がいい，と羨ましがられることもある。もし，自分の当初の思いの実践が，わずかでも今のこの雰囲気に影響を与えることができているのであれば，こんなに嬉しいことはない。それに，「思ったこと」は「行動」すれば大なり小なり「イメージした現実」に近づけるということも，何となくわかった気もしている。

8. おわりに―「感謝」の気持ちでいられること―

　利用者さんをはじめ，ご家族や職員など仕事の中で出会う方々を中心に，私自身が作られてきたのだなとつくづく感じている。いいことばかりではなかったはずだが，こう振り返ってみると，今の自分があるのはそういったことも含めてだったと断言できる。そう感じられるから，一つひとつの出会いを大切に

したい，丁寧に向き合いたいと思えるし，感謝の気持ちも抱けるのかもしれない。「ありがとう」と思える，言葉にして伝えられるのは本当にステキなことだと思えるようになった。これからもたくさんの人と出会い，関係を築いていくことになるのだろう。この今の思いを大切にしながら，一つひとつの出会いに丁寧に向き合っていくことを繰り返せていけたら，自分にとっては何物にも代えられない財産になっていくのではないか……，そんなふうに感じている。

障害福祉サービスの利用について

　障害のある方，原因や治療方法が解明されていない難病を抱えた方々に対して，「障害者総合支援法」を基に様々な福祉サービスが提供されている。国による令和元年度障害者白書（2019）によれば，知的障害児・者は全国で108万2千人とのことである。サービスを提供する事業所が，私が勤務している日中系サービス事業所と言われるものだけでも，都内で2,300ヶ所以上ある。

　18歳未満のお子さんと18歳以上の成人で，提供サービスは異なるが，サービスを利用する手続きはほぼ同じように定められている。詳細は，全国社会福祉協議会から発行されている「障害福祉サービスの利用について（2018年4月版）」をご覧いただくとよいだろう。

　私が所属している法人では，障害のある方が日中通われる事業所やグループホームを複数運営している。グループホームとは，障害のある方が一緒に日常生活を送っていく住居であり，日中通われている事業所の活動が終わって帰る場所である。また，ご家族のもとを離れて暮らす場でもある。

　また法人では，大学や専門学校（保育系）の実習生を受け入れている。ほぼ全員の学生が，障害のある方とかかわるのは初めてで緊張していると言う。どうかかわったらいいのかわからず不安であるし，障害のある方へのイメージとして「怖い」とも話す。

　しかし，2週間という短い期間であっても，職員のフォローを受けながらかかわっていくと，「利用者さんから名前を呼んでもらえて嬉しかった」とか「笑顔を向けてくれた」「求められて感動した」という風に実習日誌に記載され，イメージが変わっていくようである。最終日の振り返りには，「怖さはなくなった」という話と同時に「同じ人間なんだなということがよくわかった」という感想が聞かれるようになる。私たちとしては，実習生を受け入れる目的はそこにある。障害のある方を，少しでも知ってもらいたい，わかってもらいたいという気持ちがある。

　わからないことが不安や怖さにつながるのは当然だろう。もし，障害福祉に少しでも興味があり，かかわってみたいと思ったら，ぜひ一歩足を踏み込んでみてほしい。刺激的な体験ができると思う。

支援から学び，支援に生かす

就労支援施設施設長　秋山紗輝

1. はじめに

　私は現在，精神障害をもつ方が通所される就労継続支援B型事業所で10年ほど働いている。大学卒業後，専門学校で精神保健福祉士資格を取得し福祉の仕事を始めてから，トータルでおよそ13年精神障害者の支援をする現場で過ごしている。大学時代は都筑ゼミで，中年期をテーマに卒論を書いた。当時は将来福祉分野で働くとは想像していなかったが，心理も福祉も人に対する興味関心が基盤にあるのは同じである。なぜだろう，どういうことだろうと心に留めておくような感性が大切なのは共通していると思う。

　2019（令和元年）年5月には事業所の管理者となった。都筑先生から原稿のお話をいただいたのはそんなタイミングだった。職場で立場が変わり年齢も40歳を迎える節目の時に恩師からのお声がけ。自分の新しい出発のためにもやらねばと思い，原稿を書かせていただくことにした。

2. 支援者になりたての頃

　24歳で働き始めた頃の私はとにかく自信がなかった。最初に勤めた通所授産施設では，利用者さんは30代から50代と皆私より年上だった。人生の先輩を目の前に，新人支援者の私は何をどうすることが支援なのかがわからず戸惑ったのを覚えている。利用者さんには「若い職員が入ってきた」と興味はもってもらえていたようだったが，困り事を相談する相手としては見てもらえなかった。ベテラン支援者と自分を比較して，どうせ私なんか頼りにしてもらえないとさらに自信をなくした私は，当時「早く30歳になりたい」と思っていた。

年を重ねれば私も頼ってもらえるだろう，と単純に思っていたわけである。対象者に何かをして役に立たないといけないという意識が強かったと思う。支援者ならば何かをするべきだと考えていたのだろう。

　働き始めたばかりの頃の印象深い出来事がある。うつ病による希死念慮をもつ利用者Sさんが「僕の辛さわからないでしょ？」と突然問いかけてきた。私はその問いかけに戸惑いながらも，私がどんな反応をするのか試されているのだと感じた。軽々しく「わかる」と応えることはできず，「はい……わからないです」と正直にお伝えした。うつ状態の辛さや死にたい気持ちを私が実感として理解できないでいることを見てとっていたSさんに「わかりますよ」と応えたら，おそらく彼はその後私を支援者として認めることはなかっただろう。この支援者はどんな人間か，信用に足りる人物か，と支援を受ける方は支援者をよく見ているものだ。わからないのにわかるフリをしても相手には見抜かれてしまう。それでは関係性を築くうえで意味がない。おそらく私の対応は間違ってはいなかった。しかしその時私はSさんが「わかってほしい」という強い気持ちも同時にもっていることを感じていた。人の心は複雑だ。「自分を理解してほしい」と願いながら「そう簡単にわかられてたまるか」という思いも抱いている，その複雑さに向き合っていくのが対人援助の仕事なのだと感じた出来事だった。

3.　障害者が地域で暮らしていくこと

　精神疾患の発症は思春期・青年期以降が多いため，精神障害をもつ方のほとんどは学生や社会人時代を経ていることになる。精神障害と付き合いながら生きていくことは症状の辛さがあるだけではない。これまでできていたことが難しくなるなど，以前の自分とは変わってしまうといった二次的な障害とも付き合っていくことを意味する。生活が一変し思い描いていた人生プランも崩れてしまう可能性がある。これもまた支援者1年目の経験だが，ある日昼食作りのプログラム中に利用者Hさんが「普通に働いて普通に結婚して，普通に暮らしたい」と何気なく発したことがあった。さらりと言った言葉に私はショックを受けた。就職や結婚など，思い描いていた将来像が叶わなくなったと，半ば諦めているのがHさんの言葉から伝わってきた。実際に精神障害をもつ方の就労や結婚が無理なのかど

うかはさておいて，Ｈさんが希望をもてずにいたことは当時の障害者を取り巻く状況を表しているように思う。ライフスタイルの多様化で結婚しないことも珍しくない時代となったが，自分の意思でその生き方を選択するのと，障害ゆえに選択が狭められるのとでは意味合いが全く違う。障害を負ったことで「普通の暮らし」を諦めている人はＨさんだけではなかった。Ｈさんが静かな口調で諦めの言葉を発するまでの道のりを想像して，私はなんとも切ない気持ちになった。そんな言葉を口にせずにすむよう活動していくのが支援者の役割だと思った。その後しばらくして，私は就労支援にかかわることになるのだが，あの時のＨさんの言葉は間違いなく私の原動力の一つになったと思う。

　ちなみに精神障害者の就職や結婚について，16年前のその当時と現在ではだいぶ様子が変わったように感じる。今，若い年代の当事者が同じような発言をするかというとどうもピンとこない。私も支援の中でこれまで何人も就職する方や結婚する方を見てきた。必要に応じたサポートを受けながら地域生活を続けていくことは可能である。当事者も周囲の人も「ハナから無理」という感覚は薄いのではないか。むしろ「できたらいいな」と目標にすることで社会参加，自己実現を進めていく。結婚も就職も，人が望む当たり前の暮らしを営む権利に障害の有無は関係ないのだ。

4. 地域での暮らしを支援するということ

　新人時代の私は利用者さんとのかかわりを通して多くの刺激と学びを受けた。そして先輩の支援者からは具体的な支援スキルに加え支援者としての姿勢を学ばせてもらった。事業所に来る外部の方がよくおっしゃることだが，施設内では誰が利用者で誰が支援者か一見しただけではわかりにくい。これは障害が見えづらい精神障害の特徴を示している。見方を変えると，利用者が「障害者」の側面ではなく健康的な面を施設内で見せているのだとも考えられる。さらに別の見方をすれば，支援者が支援者っぽく存在していないということだ。これは支援の形のわかりづらさも示している。支援者になりたての頃はどう振る舞えばいいのかわからないので，特に先輩支援者の動き方を観察するものだと思う。私も当然そうしたのだが，ベテラン支援者の普段の関わりを見ても支援者然とした様子がほぼ

なかった。冗談を言ったりテレビの話などしながら利用者と楽しく過ごす姿に，私はかなり困惑した。何をすることが支援なのかわからないまま，支援者としての自信のなさも手伝って，「まずは私自身が居心地よく，皆と楽しく過ごせればよし」と自分のあり方をとりあえず定めることにした。そのような身の置き方は新人支援者として逃げ道にもなったわけだが，談笑したり知らないことを教え合ったりするかかわりは楽しいものだった。気になる店について話したり，ミュージシャンのアルバムの貸し借りをしたり，日常生活の延長のようなことを職場で利用者さんとして過ごしていた。そうしたごく普通のやりとりが人の健康的な生活を支えていることに私は次第に気づいていった。

　人として互いに尊重しながら同じ時間を過ごすことに障害の有無は関係ない。そしてそのような場があることが地域で生活する精神障害者の支援になっているのだ。もちろん必要なサポートはするが，彼らは助けを常時必要としているわけではない。学校で勉強している時は，私は精神障害者の精神障害以外の面にイメージを膨らませることはなかった。それが実際に日々触れ合ってみて，彼らにも生活者としての顔があることを知っていった。想像してみれば当たり前のことだったのだが，精神障害があるからといって常に病気や障害のことだけに向き合っていては生活が成り立たない。夕食のメニューを考え，節約を工夫する。家では高齢の親をケアしていたり，子どもの面倒をみたりする。趣味活動，ご近所付き合い，病院に行けば患者としての顔，場に合わせた顔をもつのは誰もが同じである。

5.　支援とは何か

　「支援を受ける」＝「弱者」と結びつける感覚は否定できない。その立場になるのを自ら望む人はそういないだろう。そう考えると支援者なんて普段は居るのか居ないのかわからないくらいが丁度よいのかもしれない。それは真剣に支援をしていないということではない。私が出会った先輩支援者たちは日々利用者の様子をさりげなく見守りながら，自然にそこに存在していた。彼らは専門知識や人生経験をフルに生かし支援を提供していたが，環境もうまく活用していた。人のすることなので計画通りに進むばかりではないし，どれだけ工夫

や努力をしてもどうにもならないことはある。先輩支援者たちは支援に限界があることを知りつつ，できることを誠実に行っていた。支援は誰が正しかったか正解者探しをするものではない。取り巻いている状況，たまたま発生した事柄，時間経過による変化などを見極めながら柔軟に対応し，より良い状態を目指していくだけである。結果うまくいったのかどうかさえ判断できず，何となくいつの間にか支援が収束することも珍しくない。誰が何をしたから支援がうまくいったなんてことにこだわっていたら，不全感を抱えながら支援の仕事を続けていくことになるだろう。対象者に何かをしてあげることが支援なのではなく，対象者が「大変だったけど何とかやることができた」と思えるようにお手伝いすることが良い支援なのだ。そういった教科書には載っていない支援の姿勢を先輩支援者は教えてくれた。

6.　支援者としての成長

　学校で勉強している時，ソーシャルワークには自分自身を用いると学んだ。仕事をしていて実際そうだと思う。他の支援者と同じやり方・伝え方を私がしても，同じ結果にはならないことがある。どの支援者も自分の持ち味を生かして支援をしている。なので自分がどんな個性，行動傾向，考え方をするのかを知っておくことは大切だ。私の場合かなりのんびりした性格で，前述のように「私が楽しく過ごせればいいか」と構えてからは，支援とは何かなど深く考えず利用者と楽しく過ごすことに専念していた。おそらく上司はヤキモキしただろうと今となって思う。そんな私が学生の頃にアルバイト先の保育園で保育士さんから一つ褒められたのは「待つことができる」ことだった。しかし自分としては特に考えがあっての行動ではなかったので「ふうん，そうなのか」程度にしか当時は思わなかった。障害者支援を始めてからも私のその傾向はそのままだった。ある時，支援した方から感謝されたことがあった。その方は自分で考えて結論を出すプロセスを私が口出しせずに待っていたことが嬉しかったという。自分のことを自分で決めたいと思うのは自然な思いだし，彼らは決める力をもっている。だがそんな当たり前の権利さえも，支援を受ける立場になると奪われてしまうことが起こる。私は自分ののんびりした構えが対象者にプラ

スに作用し得ることを知った。とは言え何もせずにただ待っているだけでは支援にならない。そこで私は意図的なかかわりをもつことを意識するようになっていく。どんなに合理的で良い提案でも，本人がそうしたいと思っていなければ，結果的にうまくいかないことも経験から理解していった。支援者は良かれと思って，あるいは焦りから熱心に本人を説得して「うん」と言わせてしまうことがあるが，それではうまく進まないことが多い。しかし，自己決定や自主性の尊重という言葉を言い訳にして，支援を提供しないようなことがあれば支援者失格である。支援者がするべき大切なことは，タイミングを逃さないことだと私は思う。早すぎず遅すぎないタイミングで，相手が求めるサポートを提供する。すると支援がピタリとハマる感覚を得られるのだが，私がそのような手応えを掴めるようになってきたのは，ここ数年のことだ。どうも私は成長ものんびりしているようだが，そうなると他者を支援する仕事のおもしろみが実感できるようになる。

7.　言語化のプロセスを通して学ぶ

　私は8年ほど前から実習指導担当になった。精神保健福祉士の実習生を年間およそ10名受け入れるので，この間ざっと80名の実習生を指導した計算になる。実習担当になってしばらくのうちは，私のような頼りない指導者で申し訳ないと思い毎回緊張した。だが実習生はそれ以上に緊張して実習に臨んでいた。ほとんどの実習生が口にするのが「自分が余計なことをして利用者さんに何かあったらどうしよう」という不安である。実際は頻繁にやって来る実習生に利用者のほうがよく慣れている。それでも初めての現場実習で緊張する実習生の気持ちは理解できる。しかも実習であるからには実習態度を評価されるわけで，固くなるのも無理ない話だ。実習初期の実習生の傾向を見ていると，「私の応答は間違ってなかったか」「どうすれば利用者は私に病気の話を打ち明けてくれるか」といった具合にどうしても自分自身に意識が向きがちになる。それに対し私は，視点を対象者に向けるよう促していく。次第に多くの実習生は自分の立ち居振る舞いをさほど気にしなくなっていく。人と人とのやりとりは相手がどう反応するのか予測がつかない。もし対象者から思いがけない反応

が返ってきたとしても，それは失敗ではない。そこからどうするかが実習としては重要で，そのような機会が対象者理解，自己理解につながっていく。そういった体験を言語化，文章化することもまた支援者としての力を養う機会となる。支援を記録に残す，対象者とやりとりする，対象者の思いを代弁する，対人援助の仕事は常に言葉をどう使うかがポイントとなる。それを実習生に理解してもらうよう伝えていくのも，私にとっての言語化作業だ。私が受け持つ実習生は働きながら勉強している人が多い。福祉とは違う文脈で培ってきた知識・価値観をもって実習に臨めば，当然ギャップを感じるはずだ。そのギャップや実習生の戸惑いを理解せずに進めてしまい，実習生との対話が空回りし，次第に重苦しい空気が漂っていく失敗を何度も経験した。そこで試行錯誤を繰り返し私は言語化作業を進めていった。実習指導を通して，それまで感覚レベルの理解にとどまっていた支援のあり方が，私の中で整理されていった。バラバラに蓄積されていたケースに共通項を見出し，自分なりの分類が進んだ。自分の認識や行動の根拠を説明できるようになり，支援に確信をもてるようになっていった。

 ## 8.　おわりに─人としての成長が支援につながる─

　こうして振り返ってみて，私の臆病で素直な性格がよく現れた成長の過程だと思う。そして，対人援助の仕事から人生を学ばせてもらったことを実感する。社会に出てすぐに対人援助職につく人の多くがそうなのではないか。逆に人生の紆余曲折が対人援助で生きる支援者もいるだろう。どちらにせよ人とのかかわりの中で成長し，成長が支援につながっていく。人とのかかわりの中で成長するのは対人援助の職業に限ったことではないだろう。しかし，経験から何を考え自分の中に吸収してきたか，その人の心の奥行きとでも言うようなものが仕事でのパフォーマンスと結びつくのが対人援助職だと思う。20代だからできる支援もある。しかし経験を積み重ね自分が成長すると，支援はもっとおもしろいものになる。今，私は支援だけでなく施設運営も考えなければならない立場になり，これまでとは違う困難と迷いに日々直面している。この経験もきっと何かの形で支援に役立つ日が来るのだろうと思う。

作業療法士として考え，感じること

病院作業療法士　小林史明

1. はじめに─心理学に興味をもったきっかけ，そして作業療法の道へ─

　私が心理学に興味をもったきっかけは，高校時代に授業で教わった E. H. エリクソンのアイデンティティの概念だった。自己に関する諸課題，中でも青年期におけるアイデンティティの獲得という考え方が，思春期の私には大変重要なことに感じたのだ。その後，心理学を学ぶために大学へ進学した。高校生の頃は自身に関する興味が中心だったが，大学での学びを通して，アイデンティティを形成する個人の特性やライフストーリーの重要性を知った。また，人が人生の局面において重要な決定をする際，動機づけがとても重要になることを学んだ。

　一方，進路選択にあたり，例えば料理やものづくりなど，実際に活動を行うことが治療につながるようなかかわりや考え方はないか，と在学中から漠然と考えていた。そして，偶然見かけたホームページで精神科作業療法の陶芸や絵画活動を見つけ，とても興味をもった。よく調べてみると，先に述べた個人を形成する要素は作業療法においてとても重要なことであり，本人が主体的に取り組める活動を行うことで回復を促していくことが特徴的だと感じた。「個別性」「動機づけ」「実際の活動」これらの特徴が自身の重要視する考えに合致していると思い，私は作業療法士になろうと決めた。その後，専門学校の夜間部に入学，日中は精神科病院で非常勤をしながら通学した。

■　2.　作業療法士としてかかわること

　資格取得後，縁あって私が働いているのは中規模の一般病院で，主に地域の
高齢者を対象としている。病期で言うと急性期（手術の前後や集中的な薬物治
療が必要な状態）を脱し，全身状態が落ち着いた回復期や慢性期の方が多い。
対象となる疾患は主に脳卒中や骨折，特定指定難病（不可逆的な病），がん，認
知症など，既往を含めると内部障害や精神疾患も範疇となる。退院後は自宅へ
退院される方，介護施設などへ入所される方も多い一方で，医学的な処置が必
要で入院を続け療養される方や当院で看取られる方もいる。「病気を治す」だ
けでなく，その後の生活につながるような支援を行っていくのだが，対象や方
向性が多岐にわたることは私がかかわる分野の特徴だと思う。

　章末コラムで紹介するように，作業療法は幅広い年代や疾患を対象としてい
る。その中でも，私がここに記す考え方は主に高齢者を中心に据えていること
を念頭に置いてお読みいただければと思う。

　医療の実際においては，基本的な手技や根拠に基づいた考え方に沿うもの
の，病気だけでなく個人や家族，社会的状況なども含めると画一的な手法とい
うものは成立しがたい。治る場合もあれば，困難な場合もある。死に面する場
面やその過程にかかわることもある。患者さんの状態が良い方向へと向かう場
合は最良だが，良くても維持，基本的には悪化していく病気があることも事実
である。ただ，我々療法士は健康にかかわる専門家だと考えており，できるだ
けよい方向に貢献できればと思っている。困難を伴う場合においても，その中
に肯定的な要素や側面を見つけ，焦点化することによって身体的，精神的，家
族を含めた社会的なプラス側面に貢献することを目指している。

　例えば，末期がんの方に対し，全身の筋力や体力を維持することによって身
の回りの動作（排泄や更衣，食事など）が自分でできるようになることを目指
して支援する（「身の回りのことが自分でできる」というのは，健全な状態では
当たり前のことだが，人間の尊厳にかかわるとても重要なことである）。もし
すでに自分でできない状態であれば，活動におけるどの部分が困難なのか現状
を評価し，代替え手段や適切な援助の方法は何かを考え，支援にかかわる人々
で共有することを目指す。そうすれば，本人の不快軽減や尊厳の確保にもつな

がる可能性がある。また，一連の方法を家族にも伝えることによって，例えば自宅など病院だけではない居場所での生活につながるかもしれない。以上が私の考える作業療法の考え方やかかわりの大筋である。

3. 目標を設定することの重要性

　できていたことができなくなった（なっていく）ということは，本人や家族にとって堪え難いほど苦しく，喪失感の強いことだろうと思う。そのような状況において我々にできるのは，「今できそうなこと，今より少し先もできそうなことは何だろうか」と患者さんや家族と一緒に考え，対話の中で目標を設定し，具体的な解決策を考えていくことだ。その際，医学的基盤に基づいて患者さんの状態を評価し，目標が実現可能なのか検討していく。現状と乖離した目標設定は，実現の可能性が低くなり，患者さんにとって否定的な結果となることもあるため注意を要する。

　患者さんや家族の気持ちが今後に向かない場合は，患者さんと日常的な会話をする中で肯定的，前向きな雰囲気が感じられる際，今後について慎重に切り出していくと目標について話すことができることもある。

　目標が定まれば課題が明確になり，課題解決の方法や順序が浮かび上がってくる。あとは治療や訓練などを進めていくことになるが，状態の変動に伴い目標が変わることもある。このため，随時状態の評価－目標設定－解決方法を繰り返していくことが必要となる。

4. 敬意を払いつつ，興味をもって聞く

　患者さんと対話することは，治療のための目標設定だけでなく，患者さんの興味・価値観やライフストーリーの確認など，かかわりのきっかけとするために重要であり，併せて家族に話を伺うことも多い。不思議なことに，必要な情報だけを得ようとして話をしてもなかなか得られないが，話の中で個人的に興味をもったことや感じたことを元に話を展開していくと中核に近い部分やヒントになるような情報を得られることがある。これがいわゆる傾聴や共感に近い

ものなのかもしれない。興味本位とは異なり，敬意を払いつつ，患者さんが語ることに集中する。すると，向こうもまた話を展開してくれる，というように。全ての状況において可能な方法だとは思わないが，職業人としてだけでなく，個人として共感が持てることや興味が湧くこと，素晴らしいと思えることなど，協力的で肯定的に話を進めていく態度は信頼関係を作っていくことにつながり，多くの場面において重要なことだと思う。

5. 「普通」であることの素晴らしさ

　一方，肯定的な要素に意識を向けるようになると，私も含めて多くの人が「普通」だと思って意識せずに行っていることがいかに素晴らしく尊いものか，ということを感じる。

　例えば，人間は寝ているとき無意識に寝返りをするが，麻痺や廃用（筋力などが低下すること）などにより寝返りができなくなれば，身体各所の循環が滞り，痛みを感じる。さらに悪化すると圧迫された部分（臀部や踵など）の細胞は壊死して褥瘡（いわゆる床ずれ）が生じる。また，自分ひとりで立って移動できなくなると，排泄や入浴，ちょっとした移動なども人の力を借りる，もしくは見守ってもらう必要が出てくる。無理すればひとりで行うこともできるかもしれないが，転倒のリスクを伴う。このように，安心して何も気にせずに自分の行動を決定することが阻害される。そのストレスは大変なものである。

　特にがんを患っている方とかかわる際には，「普通」であることや「生きていること」の貴重さを感じることが多い。末期がんは1日ごとに状態が変わることもしばしばある。例えば，先週まで車いすで短時間ながらも過ごすことができていた方が，週明けには痛みや倦怠感で車いすへの移乗が困難になる。一昨日までベッドに腰掛けて会話ができていた方が，昨日には座っていることが辛くなり，今日は会話も絶え絶えになる。その後，程なくして残念にも亡くなる。これはたとえであり，もちろん全ての方がそうなるわけではない。がんと付き合いながら人生を送っておられる方もたくさんいる。初期〜中期のがんは手術や放射線治療，薬物療法などでコントロールしながら生活していくことが十分可能になっている。だが，一見普通に過ごしているように見えても，意識

から不安が完全に消えることはないだろう。

　程度の差はあれ，がんという疾患は「死」を強く意識する病気なのだと思う。誰しもが知ってはいるが，日常的に自分と関係があるものだと思わない「死」が，がんを患うことによって自分にも関係することになる。その時の不安感や恐怖感は，当人にしか分からないものだろう。そのような状況にある方々にかかわることは，自分が今送っている日常（歩く，食べる，仕事をする，何かをして楽しむ，などの生活を営むこと）や苦労なども含めて，それが当たり前のものではなく貴重なものなのだ，という気づきを与えてくれているように思う。

▎6.　あきらめない姿勢と前向きな思考

　仕事でかかわる方々の中には，改善に向かわず困難な状況に置かれている場合も少なくない。困難な状況においても，患者さんや家族にとって肯定的な側面に貢献していくためには，我々があきらめない姿勢と前向きな思考を保つことが大事だと考えている。そのためには，状況に合わせた具体的な方法を用意しておく必要がある。具体的と言っても，かかわり方は多岐にわたるため，ここではかかわり方を決定するための考え方について述べていきたい。

　作業療法は，先にも述べたように医学的基盤に基づいており，その基本的な物事の捉え方が，A.マズローの欲求階層説のように，上位の要素が下位の要素を土台にして構成され，相互に関係しているという考え方に近い。例えば，「調理の仕事をする」という社会参加は，「移動する（徒歩，自転車，車，電車など）」「身の回りのことを自分で行う（食事，入浴，排泄など）」「調理道具を操作する」「材料や手順を理解する」「他者と適切にかかわる」などの活動から成り立っており，その活動は「十分な筋力や持久力がある」「適切な記憶力や判断力がある」「言葉を理解し他者にも伝えることができる」などの基本的な要素から成り立っている。ここに個人を取り巻く環境や性格なども含めて全人的に捉えるというのが基本的な考え方の構造である。

　下位の活動や要素が可能である時，より上位の活動や社会参加が可能となり，できることの幅が広がっていく。この中で特定の部分に問題が生じると，

上位や下位も含めた他の部分にも問題が生じる。そこに焦点を当ててアプローチし，能力を向上もしくは維持していくか，他の方法や道具を用いて補っていく。これがかかわりになる。目指すところは上位の社会参加を実現することである。一方，これがベッド上で過ごす時間が多い方が対象であれば，下位の活動や要素を目標として設定することになる。

このように，状態に合わせて目標を定め，それを達成するために必要なかかわりを行い続けていくこと，併せてどのような状態にあっても「どうすれば役に立つことができるだろうか？」と前向きな思考を保つことは，結果として患者さんの利益につながりやすいと考えている。

ただ，この時に「これはだめだ」「きっとだめだろう」と思い行動しないまま終わるのではなく，まずやってみるというのも大事なことだと思う。行動しながら対象者の全身状態を評価し，個人毎の文脈に沿った活動を選択して提供していく。その後，改めて状態を確認し，都度修正する。この繰り返しが，結果としてよい反応を得られる可能性を高めることにつながりやすい。

7. 動機づけの重要性と作業療法との関連

「人として生きる」ということにおいて，自分の意思によって動機づけを行い，物事を決定していくことは重要な要素の一つだと思う。動機は人それぞれであり，病の状態にある人は動機づけに困難を伴うことも多い。各々の生活史や人間性を踏まえて，多様な可能性の中から本人の動機づけを見つけて促し，それをかかわりの中に活かすことが作業療法だと言える。

例えば，ガーデニングが趣味だった高齢女性が病気で入院したとする。体調は悪く食事も喉を通らない，トイレにも一人では行けない，気分は最悪。そんな状況の中ベッド上で過ごす日々，とても辛いことだろう。この方の場合，ガーデニングが趣味だったという情報を得ることができれば，それをもとに話題を展開し，必要に応じて手伝いや体調管理を行いながら花の本を見る，家族に持ってきてもらった写真を見る，可能であれば屋外へ出て実物の花を見に行く，など「花」を中心とした活動が作業となる可能性がある。その中で，ベッドから離れて過ごすことが習慣化することで体力向上につながり，興味に合致した

活動は自ら「～したい」と思える主体的な選択へとつながる。また，覚醒や意欲の向上にもつながりやすい。可能であれば水やりや剪定，植栽など実際の活動（の一部でも）行っていただくことはとてもよい。実際に行う中で，昔を思い出すことや，またやりたいと前向きな気持ちが生まれてくる可能性もある。

　このように，本人に関連した活動（好きなこと，大事なこと）を通して身体や精神を使っていくと，「次はこうしよう」とか「だめならばこうしてみよう」などの選択を自ら行うことにつながりやすく，それが次の行動や活動に連鎖していきやすい。その連鎖は習慣となり，汎化していく。獲得された習慣は，個人の生活を作り出していく。

　「生活する」ということは自ら選択と決定をすることの連続であると思う。動機づけと作業療法は以上のような関連をもっていると考えている。

■　8.　おわりに—生に対する肯定的な態度—

　ここまで述べてきた内容に通じることであるが，仕事だけでなく日常においてもできるだけ物事の肯定的な側面に焦点を当てた思考や発言，態度を意識しているように思う。病院という場所柄，仕事においてネガティブな側面を無視することはできないし，ついそちらに視点や思考が向かうこともある。だからこそ，それに流されないよう肯定的な態度を意識するようになったのかもしれない。そして，個人的にもよい影響を受けていると思う。

　私も含め，人が生活するにあたっては各人にそれぞれの課題がある。その中の一部が病気であったり，時には日々の苦労や悩みであったりするのだと思う。肯定的な側面だけに焦点を当てるのではなく，課題があることを前提として，それも含めた全体が生活なのだと思う。課題を抱える自分，同様に他者を否定するのではなく，そのままを受け入れて，可能なことに取り組んでいく。時にはどうしようもないこともある。それは仕様がないから，受け入れ，自分ができることに集中する。

　仕事を始めて，いつからかこのように考えるようになってから，余分な力が抜けたように思う。もちろん，完璧にできているわけではないし，常に肯定的でいられるわけでもない。ただ，自分の不完全さも含めて「それでいいのだ」

と認められるようになったことで，これから何をした方がよいのかを考え，少しずつでもよいから行動するようになったと感じる。これは仕事を通して成長させてもらったことの一つであり，不完全だからこそ今も成長させてもらっていることだと思い，これまでかかわってきた方々にとても感謝している。

作業療法とは？

　作業療法士はリハビリテーションにかかわる一職種であり，国家資格である。そして，作業療法とは，「作業」を手段として用いる治療やかかわりである。この「作業」とは，食事やトイレ，入浴や着替えなど身の回りの活動，家事や仕事，趣味などの余暇，社会的な活動など，人の生活にかかわる様々な活動のことを指す。大きな枠組みで捉えると，治療手段としての「作業」はどんな活動でもなり得る。ただ，「作業」であれば何でもよいというわけではない。対象とする方の置かれている状況，必要な動きや個人的な事情，それまで生きてきた生活史や趣味，性格や価値観なども含め，その方にとって最適な活動を選び，かかわりの中に組み込んでいく。

　作業療法の対象は，病気や怪我で体や心に障害をおもちの方，障害をもって生まれたお子さん，ご高齢の方など，広きにわたる。疾患別で大きく見てみると，一つ目に脳卒中や骨折，心疾患，進行性疾患などの身体障害領域がある。二つ目に統合失調症やうつ病，心身症などの精神障害領域，三つ目に先天的障害をもって生まれてくるお子さんなどを対象とした発達障害領域に対しかかわっていく。

　例えば，怪我など身体機能の問題であれば，いわゆるリハビリテーションでイメージするような機能訓練を中心に行う。また，家事を行うことが必要であれば調理や掃除，買い物などを訓練内容とする場合もある。退院後は入浴や，トイレに行けなくては困るので，それらにかかわる機能や動作の訓練，手すりなど環境面での工夫に関わることもある。自分で行うことが困難な場合は，ご家族やヘルパーに介助方法を伝達する。また，創作活動を用いて身体や認知機能の活性化を図ることもある。このように，対象とする方によって必要なことを見定め，実際に関わる内容が多岐にわたることは作業療法の特徴だと言える。様々な疾患を抱えている方であっても，日常の生活は続いていく。住み慣れた環境で，その人なりの生活を続け，それぞれが生きがいをもって生活する支援をすることが作業療法の主な目的である。

　職域は，病院や介護施設，自宅への訪問リハビリテーションなどの医療や介護福祉分野，療育施設などの教育分野，行政職員として自治体の施策にかかわる公共分野などがある。

　資格は3〜4年制の専門学校や大学を卒業後，国家試験に合格すると取得できる。夜間部を設置している学校もあり，働きながらの就学も可能である。

第2部コメント

ライフヒストリーから読む「支援者の成長」

北海道大学　加藤弘通

1. はじめに

　私は，現在，大学で研究しながら，将来，研究者や心理職を目指す学生・院生の教育に携わっています。中央大学の学部・大学院で11年間を過ごし，保育者養成，教員養成の二つの大学を経て，現在の大学に勤めています。これまでに研究者・教育者としては17年ほど仕事をしてきたことになります。その間，現場での支援の仕事も諦めきれず，フリースクールや情緒障害児学級，保育園・幼稚園，学校などで子どもや保護者を支援するような仕事も細々と行ってきました。また年齢を経てくると，子ども自体への支援よりも，幼稚園や保育園，学校の先生たちへの支援，心理職をはじめとする専門職の人たちや施設全体を対象とするような支援がそれに加わるようになりました。こんなふうに書くと支援職としてのキャリアを積み上げているように思われるかもしれませんが，そんなことはありません。その都度，行き当たりばったりで，自分自身の成長を実感できないまま，与えられた仕事をただただ懸命にこなすような日々でした。

　そんな中，都筑先生から，支援者として現場で働いている先輩・後輩が書いた支援者としての成長についてのライフヒストリーを読んで，コメントを書かないかというお誘いをいただきました。同じゼミ，同じ大学の出身の方たちが，自身の成長や支援することをどんなふうに捉えているのかを知りたくて，お引き受けすることにしました。

　今回，私が読ませてもらったのは，一般的には障害・福祉と括られる領域で働く方たちのライフヒストリーです。ライフヒストリーからは，いずれの現場もわかりやすい意味での回復や好転を期待できない，特有の厳しさや難しさがあることが伝わってきました。また同時に，それぞれの現場でその方なりの価値観や倫理観を育み，支援者としての成長を実感されていることも強く伝わってきました。

　以下，6つのライフヒストリーを読み，私自身が支援者の成長について，研究者兼未熟な支援者として思い・考え・感じたことを綴っていきたいと思います。

2.　育つということは育てられるということ

　支援者にとって成長するとは何を意味するのだろうか。この仕事をいただいたとき，自分自身の成長を実感できない私にまず最初に浮かんだのはこんな疑問でした。単純に考えると，成長とは支援に関する専門的なスキルや知識を身につけ，それまで，できなかったことができるようになっていく，そんなふうにも捉えられそうです。もちろん，それも支援者として成長するために必要なことだろうとは思います。しかし，それだけでは支援者は成長を実感することはできないのではないか，ライフヒストリーを読む前から私が感じていたのは，そんなことでした。

　それではどんなときに支援者は成長を実感するのでしょうか。今回，6 人の方のライフヒストリーを読んで思ったのは，それは支援者が誰かを支援する中で自分自身が「育てられている」ということに気づく時ではないかということです。つまり，支援者の成長とは，支援者，その人自身の変化というよりも，支援の対象となる方を含め，周囲の人たちと自分の間にある，ある種の関係のあり方に気づいたときに実感できるのものではないかということです。例えば，杉田さんの「ひとりではなくみんなで」（第 1 章，p. 63）というのは，そんなことを表しているのではないかと思いながら読みました。どういうことか，少し回り道をしながら，人が育つということについて考えてみたいと思います。

　人が育つことについて，E. H. エリクソンは，赤ちゃんの育児を例に以下のようなことを言っています。

　　　赤ちゃんが家族をコントロールし育てるというのは，家族が赤ちゃんをコントロールし育てるというのと同じくらいに正しい。家族が赤ちゃんを育てることができるのは，その家族が赤ちゃんによって育てられている時のみである。赤ちゃんの成長は，社会的な相互作用を目指して新たに発達してゆく赤ちゃんの潜在的可能性に奉仕するという，家族にとっての一連の挑戦によって成り立っている（エリクソン，2017, p. 109）。

　エリクソンと言うと，アイデンティティなど青年期のことが注目されがちです。しかし，私は彼が，赤ちゃんが育つということについて述べたこの一節が好きで，毎年，自分が担当する発達心理学の講義の最終回で学生に投げかけ，その意味や意義を考えてもらうようにしています。

　ポイントは二つあります。一つは人が育つとは，子どもと大人どちらか一方だけが育ち／育てられるわけではなく，ともに育ち／育てられるという関係にあるということです。つまり，育つ＝発達とは個人的なものではなく，集団的なものだということです。

　もう一つは，強い者が弱い者を育て，弱い者が強い者に育てられるという一方的な関係ではなく，弱い者も強い者を育てるし，強い者も弱い者に育てられるという双方向的な関係だということです。その意味で，人が育つことに強い弱い，優劣，年長・年少による違いがあるわけではないということです。

　私が教えているのが教育学部の学生ということもあって，この関係は子育てだけでなく，教育にも広げて考えることができるのではないかと学生には投げかけています。つまり，「教師が生徒を教えることができるのは，教師が生徒によって教えられている時のみである」と。教師を目指す人は，とかく技術や方法など教えるほうに目が行きがちです。しかし，きちんと教育が成り立っている時というのは，教師も生徒から学び，教えられている時であり，そういう時に教師は，教師としての成長を実感し，実際に成長を遂げるのではないかと思います。

　今回，6人の方のライフヒストリーを読んで，まず私が感じたことは，支援者の成長にも，このことがあてはまるのではないかということです。つまり，「支援者が，自分は支援者として何とかやれている・やれるようになったと，その成長を実感できるのは，支援者がその対象者から支えられている＝支援されてもいる時のみである」ということです。例えば，倉知さんがライフヒストリーの最後で述べた「利用者さんをはじめ，ご家族や職員など仕事の中で出会う方々を中心に，私自身が作られてきたのだなとつくづく感じている」（第4章，p. 93）というのは，そういうことを指しているのではないでしょうか。また他の方のライフヒストリーの中に，「成長させてもらった」「育てられた」といったような，「自分が何かをした」という能動的な語りよりも，「何かをしてもらった」という受動的な語りがよく見られるのも，同じようなことを表していると思います。

　つまり，支援者の成長というのは，一方的に「何かができるようになる」ことから生じるのではなく，支援の対象となる方との間に，このような「育て／育てられる」，あるいは「支え／支えられる」という双方向的な関係が築かれていることに気づいたときに，実感されるのではないかということです。

3. 相手のことを理解しつつ，わからないことを認めること

　加えて，ライフヒストリーを読んで感じたことは，知ること＝理解することの重要性です。支援の現場にいると，しばしば相手に働きかけること，ともすると相手を変えようとすることに目が向きがちです。しかし，今回，ライフヒストリーを読んで感じたことは，多くの支援者は，相手に働きかけ，変えることよりも，まず相手を知るということに価値を見出し，そこにおいて支援の深まりを感じているということです。例えば，飯島さんはそれを「積極的に相手を知る努力」（第2章，p. 75），龍野さんは「その人を知ろうとすることの大切さ」（第3章，p. 86），小林さんは「患者さんが語ることに集中する」（第6章，p. 105）と述べており，いずれも支援の中における相手を知ること・知ろうとすることの重要性を物語っています。

　併せて，もう一つ大切なことは，相手のことを知ること・知ろうとするということは，同時に相手には私が知らないこと，理解できていないことがあるということを認めることでもあるということです。秋山さんが「人の心は複雑だ。『自分を理解してほしい』と願いながら『そう簡単にわかられてたまるか』という思いも抱いている，その複雑さに向き合っていくのが対人援助の仕事なのだ」（第5章，p. 96）と述べたことは，そういうことも意味しているのではないかと思います。

　対人援助職において，相手の中に，わからないことがあるということを認めることはとても重要なことです。というのも，相手に私に理解しきれない何かが存在しているということを認めるということは私の理解を越えた人として，その人のことを尊重するということに通じるからです。逆に，あなたのことを全て理解しているという態度は，一見，共感・受容しているように見えても，相手の中に存在する当人しかわかりえないものを認めないという意味で，ひどく傲慢です。

　このように考えると，ソクラテスの無知の知ではありませんが，わからないことがあるということがわかり，それを認めるということも，支援者の成長の重要な要素なのではないでしょうか。そして，これは小林さんが言う「自分の不完全さも含めて『それでいいのだ』と認め」（第6章，pp. 108-109）ることにも通じることであると思います。自分の不完全さを引き受け，その不完全さの中でそれでも相手を理解しようとベストを尽くす。ライフヒストリーを読み，このことが支援の中で人とかかわる際の倫理観として，多くの方に通底していることではないかと思いました。

4. 相手を変える存在から，ともに変化する存在へ

　最後に支援するとはどういうことなのか，ということについて考えたいと思います。6 人の方の支援者としてのライフヒストリーを読んだ時，多くの方に共通していたのは，次のようなプロセスです。それは，支援者になりたての頃は，支援の対象となる方に目が向き，その人に対して「自分は何ができるのか」，あるいは「何をすればいいのかわからない」と悩んでいた，それが経験を経て次第に対象者よりも対象者が置かれている環境に目が向かうようになっていったということです。

　例えば，秋山さんは，新人の頃を振り返り，当初は「対象者に何かをして役に立たないといけないという意識が強かった」「支援者ならば何かをするべきだと考えていた」（第 5 章，p. 96）と述懐しています。しかし，障害をもつはずの対象者が施設内では，まるで障害者に見えないことに気づき，次第に，対象者自体よりも，それを可能にしている施設の環境のほうに目が向くようになります。そしてその結果，施設内では「支援者が支援者っぽく存在していない」（p. 97）こと，したがって，「まずは私自身が居心地よく，皆と楽しく過ごせればよし」（p. 98）と自分も他の支援者と同じになることで，その環境の一部となっていった様子が語られています。

　つまり，支援の対象者に直接，働きかけ，変えようとする方向性から，支援者自身も含め，その方が置かれた環境を変え，結果として支援の対象となる方も変わるという支援の方向性への変化です。

　実はソビエトの心理学者，ヴィゴツキーも，教育を例に似たようなことを言っています。彼は『教育心理学講義』という教育における支援者である教師に向けた本の中で「厳密にいえば，科学的観点に立てば，他人を教育することはできません。他の生体に直接的に影響を及ぼし，変化を生み出すことはできません」（ヴィゴツキー, 2005）と言い切ります。これは教育を支援に置き換えるなら，支援者は支援などできませんと宣言されているようなものです。それでは教師は支援者として何ができるかと言うと，それは環境に働きかけることです。したがって環境に働きかけることで，間接的に子どもに影響を及ぼすことが教育の目的となります。教育における支援が間接的なものであるべき理由を，ヴィゴツキーは園芸家の比喩を用いて巧みに表現しています。

　　　園芸家が，植物の成長に影響を与えようとして，手でそれを土から直接引

っ張り出すとしたら，狂人といわれるように，教育者が子どもに直接影響を及ぼそうとするのは，教育の本質に反することになるでしょう。しかし，園芸家は，温度を高め，湿度を調節し，隣の植物の配置を変え，土や肥料を選んだり混ぜ合わせることによって，……間接的に，環境を適切に変化させることによって，花の発芽に影響を及ぼすのです。それと同じように教育者も環境を変えることで子どもを教育するのです（ヴィゴツキー，2005，p.27）。

　つまり，教師が子どもを教育したいなら，子どもが学びたい，あるいは学べる環境を丁寧に作っていくしかないということです。同様に，支援者が対象となる方に何らかの変化を起こしたいと思うなら，その人が変わりたいと思えるような，安心して変わることができるような環境を作っていくしかない，さらには自分自身もその環境を作る中で，その一部となり，ともに変化していくしかないということです。

5. おわりに

　支援者の成長とは何か。今回，6 人の方のライフヒストリーを読んで，もちろん，全てがすっきりわかったとは思いません。しかし，次のようなことが関係しているのではないかというぐらいは言えるように思います。すなわち，支援者の成長とは，何か自分自身が努力して支援者として育つというよりも，自分が理解しきれない他者を前にして，それでも理解しようと努力し，その人と一緒に変化する中で，対象となる方や仲間から「育ててもらえている」と実感できること。

　私も支援の中で出会う方，学生，ともに働く仲間と，そんな関係になりたいと思っています。

引用文献

エリクソン，E. H.（2017）．中島由恵（訳）　アイデンティティ：青年と危機　新曜社
ヴィゴツキー，L. S.（2005）．柴田義松・宮坂琇子（訳）　教育心理学講義　新読書社

第3部
教育・保育の現場で働く

「へっぽこ先生，保育で自分も育つ」の巻
─保育を通して見つけた四つの力─

保育者　阿部朋代

1. はじめに

　幼稚園・保育園の先生と聞いて，どんな像を思い浮かべるだろうか。まぶしい笑顔で，明るく元気いっぱいで，よく通る大きな声でさわやかに挨拶をする。人々の心を明るく照らし，自らエネルギッシュに力を与える様はさながら太陽のようだ。その像と合致率推定15％ほどの私が，実際に教員免許を取得し，愛おしい子どもたちの先生として駆け抜けた日々についてお話ししようと思う。幼児教育・保育の道へ興味を抱く方にとって，そっと肩を押す役割を果たせるなら幸いである。

　幼児教育の道で私が辿った過程を簡単にお話しする。大学で心理学を学んだ後，アルバイトで学費を賄いながら2年間の通信教育課程で学び，幼稚園教諭免許状を取得した。その後，親子同伴の子育て支援センターで保育士として（託児施設とは異なるため，幼稚園教諭免許でも就業可能であった），幼稚園ではクラス担任補助の幼稚園講師として勤務した。子どもの心には以前から深い関心を抱いていたが，大学3年時に経験したゼミのインターン体験は進路選択に至った大きな要因である。週に一度担当学級を訪ね，教員補助の形で児童の姿を一年通して見つめる活動であった。小学1年生のクラスに通い，子どもたちが見せる様々な表情を見つめ続ける中で，子どもへの関心がますます高まっていった。

　乳幼児期は，心の根っこが育つ大切な時期である。家庭という初めての社会を通して外社会を見つめ，やがてそちらへ飛び出していく。他の子どもたち・大人たちと出会い，言葉や心を交わしながら成長していく。何事も基礎が大切と言われるものだが，心も例外ではない。心の成長はピラミッド式である。家

庭で愛情にくるまれ，愛着関係を基礎に外社会へ歩み出ていくことができる。基盤がぐらついていると，積み上げても支えきれずにやがて崩れ落ちてしまう。積み上げていく途中でバランスを失うこともあれば，一見うまく積み上がったと思えたものが，時間が経過した頃突如として崩れることもある。心の基盤を育む意味で，乳幼児期は大いに大切な時期なのである。

　保育者として現場に携わる中で気がついた，大切ないくつかの力がある。一つ目は「子どもたちの力」，二つ目は「真実味の力」，三つ目は「愛情の力」，四つ目は「まねぶ力」である。

▌ 2.　子どもたちの力―子どものもつしなやかさを信じる―

　保育者として現場に立つ以前は，自分の一挙一動で決して傷つけまいと，子どもに対していつも慎重になっていた。インターン体験でも，それを心がけるあまり，神聖な存在であろうとしていたように思う。保育者としての経験を積んできた今では，子どもに対して等身大で接している。子どもを見守る一個の大人・生身の大人としてである。壊れ物に触れるようにではなく，体当たりでコミュニケーションを取りに行っている。なぜなら，子どもたちは決して壊れ物ではないと知ったからである。子どもは守るべき存在と強く戒めていた私に，子どもたちは様々な表情を見せてくれた。縄跳びの縄の玉結びが自分だけ上手にできず，何度も何度も，本当に何度も自力で頑張り抜こうとしていた後ろ姿。計算問題のゲームでクラスメイトに惨敗して，悔し涙で地団駄を踏んだあと，キッと前を見据えた精悍な眼差し。自分の番でいつも長縄跳びがストップしてしまうあの子が，苦悶の表情で一生懸命練習して，うまくできた瞬間ぱっと向けてくれた喜びいっぱいの笑顔。その数々を通して，子どもの力を以前よりもっと信じられるようになったのだと思う。加えて，愛情さえ軸にあれば，投げかける言葉も声も表情も，これで大丈夫！と確信できたのだと思う。

　幼稚園の年少クラスへ，おひな様製作の援助に入った時の話である。私は主にADD（Attention deficit disorder：注意欠陥障害）の傾向が見られる男児Kの援助に入った。Kは工程の理解が難しく，担任教諭の説明するペースからも，周りの園児のペースからも，少しずつ遅れてしまう。私はKの認識しやす

い手段で援助を試みたが，ペースのずれが次第に大きくなり，Ｋはやがて混乱
してしまった。介入の度合いを強める段階と判断して手を添えたところ，「う
うう」と混乱しながらも，びくともしない力で，自力でなんとか遂行しようと
したのだ。脳内で信号が錯綜してパニック状態にある可能性も想定したが，Ｋ
の自尊心を大切にしたかったので，Ｋの動きを主体として重んじて大方見守っ
た。その結果，クラスメイトの作品の出来映えとは異なるＫのおひな様ができ
あがった。このアプローチは果たして正しかったのか，いまだに自分の中で
は答えが出ない。他の子と比べて自分はできないのだと落ち込んでほしくもな
いし，先生の力できれいに仕上げてしまうことで惨めさを感じてほしくもなか
った。保育は，正解がわからないことの連続である。ベテラン保育者も，試行
錯誤の毎日だと言う。昨日うまくいった方法が，今日同じ子どもに効果がある
とも限らない。しかし，次の日突如として子どもが成長していることもあるの
だ。前述のＫが，ある日突然私を呼び止めて，「おしぼりをバケツに入れる」
朝の習慣を自力でやり遂げたとき，「この子はこの子の歩みで，前に進んでい
る」と実感し涙が出たことを覚えている。前日までは私の姿をぼうっと見送っ
ていたＫが，「まって」と背中に呼び掛けた声は今でも忘れられない。日々子
どもたちの中に，確かに力が積み上がっているのだと信じている。

3．真実味の力─血の通った人間として人間と向き合う─

　「真実味の力」とは，繕わない，ありのままの姿で子どもと向き合うことで
生まれる要素のもつ力である。子どもは言語的情報と非言語的情報を同時に差
し出された時，非言語的情報に従うという。「泥遊びをしたいの？　してらっ
しゃい」とムッとした表情で大人が口にしたとすると，子どもは「本当はして
ほしくないのだ」という思いを汲み取る。繕いのない情報は子どもの心へ確実
に届くのだ。教育実習中に，ある男の子がどうしてもうまくいかずに悲しんで
いたことが成功し，「やったー！」と歓声を上げた時，ずっと成功を願って見
守っていた私も心から嬉しくなり，「わあ，うれしい！」と共に声を上げたこ
とがあった。その瞬間，実習担当クラスの先生が「それ！」「それがね，大事
なの！」と私へ力を込めて言った。保育者も一緒になって子どもと心から楽し

い・嬉しいを共有すること。うわべだけではない，達観でもない，一緒の目線で分かち合うこと。その大切さを教えてくださったのだと解釈している。そこには，真実味の力がかかわってくる。言葉の力の源は文言自体ではなく，それに乗って運ばれてくる感情なのだと思う。子どもは大人を試す・見抜くとよく聞くが，子どもが特別な魔力をもっているわけではない。大人とは違う特別な生き物なのではなく，子どもも大人も，等しく一個の人間なのだ。大人も「おべっかだな」と感じることがあったり，心からの言葉に心が動いたりしているものである。取り繕っただけのものは，それなりのものしか生まない。心の乗った言葉・行動は，本物の力をもって子どもの心へ届いていく。「あなたが心から可愛い」という眼差しも立派なメッセージである。本物の気持ちは図らずもこぼれ出すものなのだと思う。肯定・共感・真実味は三位一体の関係にあるそうだが，真実味は子どもを真に無条件に受容するための基礎なのだと考えている。繕った自分のままでは，本物の心の交流は望めないのであろう。

4．愛情の力―無条件に注ぐ愛情が心の栄養となる―

　愛情のもつ力を強く感じた一人の男児との出会いがある。保育の技術も知識もまだまだ乏しい私が現場で出来ること。それは全力で子どもたちを愛することであった。幼稚園年長男児Mは，愛着障害・ネグレクトの疑いのある子どもだった。ある日，Mが「せんせい，おれ，前より大きくなったんだよ」と声を掛けてきて，「ほら，乗せてみなよ」と背中に乗ってきた。「わっ，ほんとだ！おっきくなったなあ」と笑って見せると，Mも嬉しそうに笑っていた。それから時折「せんせい，どれだけおおきくなったかやってみる？」とおんぶを求めるようになった。一人の子を特別扱いしたくなかったので迷ったが，「この子は特別に足りていない」と判断し，ほんの一瞬の行動でもあることから毎度受け入れていた。Mの卒園に続いて私も離任し，一冊の思い出ファイルをいただいたのだが，その中には全園児が描いてくれた私の似顔絵も綴じこまれていた。Mの描いた絵は，私の顔から出た長い両手がMを包み込むような，おんぶの絵だった。彼にとっておんぶをしてもらう時間はきっと，自分がまるごと愛されていると実感できる至福の時間だったのだ。そう感じて涙が出た。卒園

祝いに年長児全員に贈った似顔絵のプラバンも，Mはラッピングがぐしゃぐしゃになるほど握りしめ，何度も見ていた姿が印象に残っている。

「こんなこと」を，どうか勇気を出して信じてみてほしい。こんなことを口にしてもきっと何も変わらないと自分が思ったことでも，何かを生み出す力をもつことがある。思いがけなく響くことがある。むしろ，「こんなこと」が保育の展開の大きなきっかけを作ることもある。私は「こんな自分なんて」と思っているがために，自分が差し出すものにも自信をもてずにいた。「こんな自分」をダメと思っていても，思い切って「こんなこと・もの」は放ってみてほしい。自分の「こんなこと」に勇気を出して自信をもってみてほしいのだ。思い切ってえいっと送り出した先に，何か大切なものが生まれるかもしれない。仮に何も変わらなかったとしても落ち込まないでほしい。自分が意図していない別なところで，誰かを幸せにできていることもあるからだ。小学校でのインターン体験を終える時，「となりにすわってくれてありがとう」と手紙を書いてくれた男の子がいた。人数の関係で隣の席の子がいない彼の隣へ膝をついて，一緒に担任教諭の話を聞いた行動を指していたようだ。特段意識した行動ではなかったうえ，半年以上も前の話なので驚いたが，彼には印象深かったのだろう。何がどの子にとってどれだけの重みをもつか，どれだけ響くかはそれぞれ違う。ボールを放ってみなければわからない。愛情のもとに繰り出す行為には，無意識でもきちんとその思いが滲むものだと思う。愛情のもとに生まれたものならば，全て出し惜しみせずに放ってみてほしい。

▌5.　まねぶ力―人を敬う気持ちをもとに生まれる成長力―

「まねぶ力」は，もはや保育の領域にとどまらず，生きるうえで大切にしたい力である。「学ぶ」の語源を辿ると「まねぶ」，すなわち学びは真似から始まるという話を聞いたことがある。保育でも，とにかく先輩方を真似ることで多くの学びを得ることができた。初めて先生として現場に立ったのは，農村地帯の子育て支援センターだった。人柄の温かさが印象的な地域で，方言が日常で飛び交う環境の中，私自身その色に多分に影響を受けながら保育を学んだ。入所したての頃は，赤ちゃんを初めて抱っこして泣かせてしまった日に，「かわいそ

うなことをした」と職員室で私も泣く始末であったが，今では泣くところを見ても大きく笑って受け止めにいける心持ちになった。子どもたちにどう接しているか，どんな調子で声を掛けているか，どんな受け答えをしたか。先輩保育者に「まねぶ」ことで，子どもに接する自分ができていったように思う。先輩方の素敵さを見習い，自身に取り入れ，いつしか自分の中にそれが馴染んでいたのであった。二箇所目も同じく農村地帯の幼稚園へ勤め，同様にからっとした先生方に大いに学ばせていただいた。

　のちに雑貨店に勤務した時，「子ども連れとの接し方がえらく上手なスタッフがいる」と評していただいたこともあった。以前の自分なら絶対にいただけなかった褒め言葉である。保育者として，たくさんの子ども・保護者とかかわった経験のなせるところであり，間違いなく成長できたのだと感じられた出来事であった。元来ひどい人見知りで内向的な私でも，子どもたちと向き合う日々を重ねに重ねて，保育者の先輩方を何度も「まねび」続けることで引き出しが増えたのだと思う。

　どんな職種でも常に心がけたことに「敬意を払い，感謝すること」がある。どの勤め先でも，ともに働く皆さんへの感謝を言葉にして伝えるよう心がけた。口先だけのものではない腹からの敬意・感謝は，前述した「まねぶ」姿勢に欠かせないものだと考えている。敬意を払い，感謝していると，自ずとその方が好きになる。すると感謝の言葉も自然と湧き出る。心からのありがとうが飛び交う現場は人々の絆を深め，よりよいパフォーマンスを生み出す力となると感じている。

▌ 6.　おわりに

　保育現場の先生は「元気いっぱい」な方が多いものである。保育者としての日々は，自身のアイデンティティを否定する日々でもあった。底抜けに明るく，元気いっぱい，高いテンションではしゃぐ。そんな保育者になりきろうと努めてはみるも，自分を押し殺さないといけない辛さは心に重くのしかかった。大多数の元気な子どもたちが求めているのはやはり元気印の先生であり，先生にしては私はおとなしすぎる。そう考え，他の保育者たちに合わせてやや

無理をして振る舞い，疲れ切り，自己嫌悪に陥り，週末には寝込む。精神的には非常に不安定な日々であった。

　ただ，一番の強みが「元気」以外の先生がいてもよかったのかもしれないと今では思う。「明るくテンションの高い先生にならなければ」ではなく，「私は，こういう私の保育を突き詰めよう」と考えて構わなかったのではないかと思うのだ。きっと，皆同じ先生でなくてよいのである。先生も皆，個々に違う人間だからこそ，その先生の保育はその先生にしかできない。表情や声も，保育の立派なアイテムの一つである。同じ顔かたち・声色の人は一人としていない時点で，その保育者の保育はオンリーワンになり得る。社会には様々な人間が生きている。子どもたちにとって，保育者の築く世界が身近な社会の縮図にもなり得るわけである。その意味でも，多種多様な保育者がいる意義があり，そうした保育者がチームを組んで回している現場こそが理想なのではないか。多様性を受け入れ合う・認め合う姿勢の，よき手本ともなるであろう。

　保育者同士の関係性は，保育の質に影響を及ぼすと感じている。保育者同士の関係性が良好でチームワークがよいと，自ずと保育の質も良質なものになる。複数の目で子どもを見守り，それぞれが見たその子の瞬間をつぎ合わせて子どもの姿を共有できることの意味が，現場に還元されるのだ。各々教育・保育におけるポリシーが若干異なっていても，その意義を見出して尊重し合い，真に協力し合えることでよりよい保育が行える。先生たちの関係性の生み出す空気感も，子どもたちには恐らく伝わっている。そこにも真実味が含まれるだろう。ひいては子どもたちの安心感にもつながり得る大切な要素だと思う。

　喜ばせたい，楽しませたい，力になりたい。子どもを幸せにしたくて一生懸命になっている大人を子どもは決して笑ったりしない。一生懸命は心を動かす。

　最後に，実習を終えた自分が書き置いていた言葉を紹介したい。「実習中には失敗もたくさんしたし，子どもたちへの申し訳なさから悔し涙の毎日」と書き綴りながらも，「ただ，めいっぱいの愛情で一人一人に向き合っていたことだけは確かでした。それだけじゃだめなんだけど，それがないとだめなのも保育です」とも記していた。

　子どもたちを幸せにする大人であるために，もっと保育について学びたい。保育士資格の取得を目指し，現在奮闘中の私である。

成長を導く My Seven Rules

小学校教員　徳永明子

 1. はじめに

「適切な時にあの人に会えたから　今ここにいる……」。NHK の「逆転人生」という番組の中でロボットコミュニケーターである吉藤健太朗さんが仰っていた言葉が私の心に響いた。私の人生を振り返ってみると，その時，その時，次の道に導いてくれる人との出会いや言葉があった。

現在，勤務する学校も 3 校目となった。同じ都内の公立小学校といえども，学校の雰囲気や文化が全く違う。でも，目の前に立ちはだかる壁との付き合い方が，少しずつだがわかってきた。歩みながら見つけた「成長を導く My Seven Rules」。「小学校教員になる」と決めた大学時代から遡り紹介したいと思う。

 2. まず「やってみる」

私は 3 人弟妹の一番上の姉であり，父方，母方のいとこの中でも一番年上であった。そのため，幼い頃から年下の子と遊ぶ機会が多かった。そういった姿を見て，祖父母だけではなく，叔父や叔母からも「大きくなったら先生だね」と言われてきた。周りから言われれば言われるほど，「絶対に先生にだけにはならない」と強く思っていた。

大学時代，教職課程コースを履修するかどうかの選択の際も，「絶対に先生だけにはならない」と思いつつも，「念の為」という気持ちで周りの友人たちとともに履修ガイダンスを聞きに行った。ガイダンスでは繰り返し，「真剣な気持ちで履修をしてください」と注意喚起されたが，「困った時，いつか教員免許状

が役に立つかな」という，軽い気持ちで教職課程コースの履修を決めた。

　大学3年生から，ゼミの授業の一環で小学校での実習や中学校での要約筆記のボランティア，また教員免許状取得のために3週間の中学校での教育実習など，学校現場に携わる機会が増えた。実習中は「先生になるのもいいな」と思うこともあったのだが，実習が終わって大学に戻り，周りの友人たちが就職活動を行っている姿を見ると，「やっぱり先生にはならない」という思いが湧き，就職活動を行った。

　教職課程履修も中途半端，就職活動も中途半端。自分の人生をどうしたらよいか迷いながらも，中学校卒業・高校進学，高校卒業・大学進学と，ただただ「みんなと同じ道」を歩んでいた。しかし，大学卒業後，「どんな仕事をしたらよいのか」「これから先，自分は何がしたいのか」そして，「自分には何ができるのか」が全くわからなかった。大学卒業後の「みんなと同じ道」がなくなってしまったからだ。そこで次に目指したのは，「周りの友人たちと同じ選択肢＝民間企業への就職」であった。今思えば，あの頃の私は，一生懸命に「就職活動をしている風」を装っていた。

　だが，ある人事部の方との出会いが大きな決断につながった。ある企業の最終面接で人事部の方に，「あなたの話を聞いていると，学校の先生を目指すことに未練があるように感じます。その未練を断ち切ってから就職活動を始めても遅くはないです。その時，また来てください」と言われた。私はその時初めて，「『教師』という仕事に真正面から向き合わなければ，ここから先には進めない」ということを思い知らされた。幼い頃言われた「大きくなったら先生だね」という言葉の通りになることが嫌で，目を背けていた現実に。私のことなど全く知りもしない人事部の方の鋭い指摘に対し，「甘い考えを見抜かれた」と思うと同時に，「その言葉を誰かが言ってくれるのを内心はずっと待っていたのかもしれない」と思った。その帰り道，清々しい気持ちで全ての就職活動を打ち切ることを決めた。

　軽い気持ちで始めた「教職課程の履修」「就職活動」だったが，私にとってはどの経験もなくてはならないものであった。この「とりあえずやってみよう」という挑戦がなかったら，今の自分には辿り着かなかった。少しでも自分の心が「やってみよう」と動いたら，まずは挑戦してみることが大切であると実感

した。そして，挑戦することで，次の新しい道が必ず開ける。迷いに迷った大学時代ではあったが，「その迷いは必要な迷いであった」と心から思う。

3.　教えるために　自ら学ぶ

　就職活動と時を同じくして，大学4年生の時，家庭教師のアルバイトを始めた。S君は出会った時，中学校2年生。しかし，中学校の学習内容を教えていても，全く学力が伸びていく手ごたえが感じられなかった。「どこで躓いているのだろう」と疑問に思い，少しずつ学年を遡る学習計画を立てた。すると，小学校2年生で学習をする一桁のかけ算が習得できていないということがわかった。「中学校2年生になるまでに，どうして周りの大人は気づいてあげなかったのだろうか」と強い憤りを感じたのを今でも覚えている。S君のプライドを傷つけないように，小学校2年生の学習まで戻り，「絶対に志望校に合格させたい」という思いでS君とともに学習を始めた。やがてS君は一桁のかけ算ができるようになり，他の教科の学習も少しずつできるようになってきた。それとともに，S君の表情が明るくなり，自ら学習に取り組むようになって，さらに自信もついてきた。そして，最終的には第一志望の学校に合格することができた。

　この経験を通して，「教える」ためには，まずは「自らが学ぶ」必要があるということを学んだ。そして，家庭教師のアルバイトを経験したことで，「小学校段階で学習が遅れるような子どもを一人でも減らしたい！」という自分の人生の目的が見つかった。遠回りをしたがこうしてようやく「小学校教員」という目指すべき道を見つけることができた。

　だが，私が履修した大学の教職課程では「中学校社会科と高等学校地理歴史・公民」の教員免許状しか取得できなかった。そこで，どうしたら小学校の教員免許状が取得できるのかを調べ，大学卒業後，別の大学の「通信教育課程」に編入した（詳しくはコラム参照）。

小学校教員免許状を取る方法とは

　小学校教員になるためには，大学等において教員養成のコースを修了して免許状を取得する方法が一般的である。だが，その他に広く一般社会に人材を求め，教員の確保を図るため，教員としての必要な資質，能力を有すると認められた者に教員への道を開く「教員資格認定試験」という試験制度や，大学の教員免許状が取得可能な学部・学科の「通信教育課程」を履修して修了すれば，免許状の取得ができるという制度がある。

　この「通信教育課程」という制度を利用する場合，大学や短期大学卒業者で，教員免許状の取得を目指すことを目的としている者には編入学コースが用意されていて，1〜2年で教員免許状の取得が可能である。そのため，私もこの制度を利用し，小学校教員免許状を2年かけて取得した。

　免許状取得のための学習は，時間や場所を問わず，自宅に送られてきたテキストを使って進め，定期的に実施される試験を受け，その試験に合格をすると単位が取得できる。もしくは，年に数回大学内外で実施されるスクーリングを受講し，試験を受けることで，単位を取得することができる。

　仕事と両立させながら学ぶことができるなど，空いた時間を有効活用することができる制度である。

参考文献
文部科学省「教員資格認定試験」
https://www.mext.go.jp/a_menu/shotou/nintei/main9_a2.htm

4. もつべきものは「仲間」

　私がこの大学の通信教育課程に入学を決めたことには大きな理由があった。大学のサークル活動のような学生会が充実しているからだ。夏季スクーリング時には授業だけではなく，様々な課外活動が開かれていた。例えば，「合唱指導」では，歌を歌うだけではなく，手遊びを教わったり，場の雰囲気を温めるアイスブレイクを学んだり，時にはハンドベルを使って演奏をしたりした。また，「体育研究会」では，跳び箱運動やマット運動，ダンスを教わるなど，教員になってから実際に指導する教材について，体験しながら学ぶことができた。こうした活動は，楽しみながら教材について学ぶことができただけではなく，

日本全国の「先生になりたい」という同じ志をもった人との出会いにつながり，その人たちとの出会いが自分の励みにもなった。そして，そこで出会った仲間たちとともに自主勉強サークルを立ち上げたことが，「小学校教員になる」という夢を叶えるための大きな礎となった。

　私が小学校教員採用試験を受験した当時の二次試験には，個人面接と集団面接の他に「ピアノを伴奏しながら歌唱する」という課題と「水泳　平泳ぎ」という二つの実技試験があった。そのため，実技試験に向けて，仲間と共に地域の音楽室を借りてピアノや歌の練習をしたり，公共プールに行って平泳ぎの練習をしたりした。また，面接官役を交代で行いながら，面接練習もした。こうした実技試験に対して否定的に感じたこともあったが，この試験があったお陰で仲間たちと協力をして一緒に対策を立て，乗り越えることができた。そして同じ試練を乗り越えて教師になった今も，お互い励まし合いながら，働くことができている。

　このようにして見ると，小学校の教師になるまでの道のりとしてはとても遠回りであった。しかしながらその遠回りは，同じ志をもち，お互いに切磋琢磨しともに高め合うことができる仲間に出会うための必要な道であった。

■　5.　違う角度から物事を見てみる

　通信教育課程で学び始めた1年目，教育現場の様子を学ぶためにもと思い，区立の放課後学童施設で非常勤職員として働くことにした。

　当時，学童保育のあり方は転換期を迎えていた。私が勤めていた学童保育は学校内に設置されており，児童の年齢や保護者が働いているかどうかなどの理由を問わず，希望すればその学校に通う子どもは誰でも利用することができる施設であった。このような制度は，その自治体が全国で初めてであり，その立ち上げ1年目という貴重な時に私は非常勤職員として勤めることになった。

　特定の子どもが定期的に来室する旧制度の学童保育の頃から働いていた職員の方々が，学校に在籍する子ども誰もが不定期的に利用することができるなどの新制度に慣れることは容易ではなかった。

　このような新制度への対応に追われる中，主任のA先生は，常に子どもたち

にとって居心地の良い場を提供しようと悪戦苦闘をしていた。子どもたちの様子を観察し，顔色や行動の異変にすぐに気づいて，それぞれの子どもに合わせた対応を取っていた。必要があれば保護者にも様子を話し，保護者にも対応してもらった。学校の担任の先生には話せない家庭の様子や自分の気持ちを A 先生には打ち明ける保護者も多く，児童のお迎えの際には A 先生の前で涙を流す保護者も少なくなかった。ここで知り得た情報で，学校にも話した方がよいと考えられる内容は，担任の先生にも伝えるなどして，学校と連携を取る機会が頻繁にあった。

　小学校教員になった今，学童の先生とコミュニケーションを密に取るようにしているのは，この経験があったからこそである。学校だけではなく，保護者，そして子どもたちにかかわる方々との情報交換を大切にして，みんなで育てる。これは，学校という場を外から見たからこそわかったことである。

■ 6.「もうダメだ」と思ったところからの「あと一歩」

　2 年間の通信教育課程の履修を終え，教員採用試験に合格し，晴れて小学校教師となった。しかし，そこからの道のりも決して順風満帆ではなかった。

　子どもや保護者との意思疎通がうまくいかず，管理職にも相談し，本気でこの仕事を辞めようと思った時があった。しかし，当時の校長から返ってきた言葉は「もう 1 年ここに残って，次の学級を受けもち，それから辞めても遅くはない。だから，もう 1 年だけやってみなさい」という言葉であった。私は迷ったが，その言葉に背中を押され，「もう 1 年だけ」というつもりで頑張ってみることにした。

　そこから気がつけば 5 年間，同じ職場で働くことができた。とはいえ，当時の辞めようと思った日のことを忘れることはなかった。

　やがて，思い悩んだ学級の子どもたちの成人式の招待状が私の手元に届いた。私は出席するかどうか悩んだ。その当時のことを知っている先輩に相談をすると，「一緒に行くから出席しよう」と私が出席することへの背中を押してくれた。当日は，多くの教え子たちと再会することができた。立派に成長した姿に嬉しく思っていると，「先生，あの時はすみませんでした」と教え子に声を掛

けられた。卒業してからすでに8年が経っており，まさか教え子の方からそんな言葉が掛けられるとは，全く想像もしていなかった。もしかしたら，その教え子にとっても忘れられなかった8年前であったのかもしれない。

　勇気を出して一歩を踏み出したからこそ出会えた言葉。成人式で再会し言葉を交わしたことが，少なくとも，私にとっては，次のステージへ進むための大きな原動力となった。言葉を掛けてくれた教え子の勇気に感謝をするとともに，あの時「あと一歩」の背中を押してくれた校長や先輩たちに心から感謝をしている。

7.　自分にしかできないことを探す

　私の初任校は教職大学院を修了している方が三人も在勤しているという珍しい環境であった。そのため，何気ない会話の中でたびたび，「教職大学院で学んでみたら」と言われてきた。話に聞くまで，教職大学院の「き」の字も知らなかった私は，「教職大学院派遣研修」とはどのようなものなのか先輩方から教えていただいた（詳しくはコラム参照）。その時，私の直観が働いた。校長に意志を伝えると，「やってみろ」と即背中を押してくれた。こうして，教員9年目，教職大学院で学ぶ1年間となった。

　しかし，入学当時は，「こんなはずじゃなかった」の連続だった。先輩方には「8年間同じ学校に在籍していたご褒美だと思って，教職大学院に行っておいで」と言われたが，前期の授業は全くご褒美にならなかった。それもそのハズである。周りの同期たちは，学びに対する意識も意欲も高く，確固たる研究テーマをもって学びに来ている。一方，私は大学時代と同様に，「なんとなく先輩に勧められて，受験してしまった人」。だから，授業ごとに出される課題に，「嫌だな」「授業難しくて辛いな」と，まるで宿題嫌いの小学生のような気持ちになっていた。

　しかし，教職大学院での学びを重ねるうちに，「自分が学んだ教育だけが教育じゃない」ということがわかってきた。「学校」といっても，様々な形態の「学校」があって，自分がいかに狭い視野で，そして自分が経験してきた教育だけで「学校」を捉えていたかを思い知り，自分の中の「当たり前」が次々と壊さ

れた1年間であった。

　さらに，優秀な同期の存在は私に大きな影響を与えた。学びの深さ，知識の豊富さでは全く太刀打ちできない。同期と話していると，日本語で会話しているはずなのにまるで外国語で話しているかのような感覚になる。この人たちに追いつくためにはどうしたらよいのか。同じことをやっていても1年間という短期間では到底追いつくことはできない。そこで，教職大学院生という立場を活かして，この一年間，校種を問わずひたすら学校見学に行くことにした。海外の学校も見に行った。「百聞は一見に如かず」。見に行ったことで，自分の中の「学校はこうあるべき」が次々と打ち崩され，新たに「こんな教室が作りた

教職大学院とは

　教職大学院とは，「教員養成教育の改善・充実を図るべく，高度専門職業人養成としての教員養成に特化した専門職大学院」であり，主な目的・機能として，「1.学部段階での資質能力を習得した者の中から，さらにより実践的な指導力・展開力を備え，新しい学校作りの有力な一員となり得る新人教員の養成」「2.現職教員を対象に，地域や学校における指導的役割を果たし得る教員等として不可欠な確かな指導理論と優れた実践力・応用力を備えたスクールリーダー（中核的中堅教員）の養成」の二つが挙げられている（文部科学省HPより）。

　東京都教育委員会は，教科等及び教育課題に関する高い専門性や見識を身に付け，指導的役割を果たせる教員の育成を図るため，新教育大学大学院派遣，大学院設置基準第14条適用大学院等派遣，教員研究生といった長期派遣研修を実施している。「教職大学院派遣研修」はその中の一つの研修制度であり，年齢43歳未満で教職経験を7年以上有し，そのうち東京都公立学校での教職経験を3年以上有する者に受験資格がある。派遣期間は1年間で，学校を離れ，教職大学院等で教員としての今までの実践を振り返り，時間をかけてじっくりと研究と修養に努めることができる。また，派遣期間中も東京都の教員としての身分は保障され，給与等が支給される。

　詳しくは文部科学省ホームページや東京都教職員研修センターのホームページを見てほしい。

参考文献

文部科学省「教職大学院」　https://www.mext.go.jp/a_menu/koutou/kyoushoku/kyoushoku.htm
東京都教職員研修センター「長期派遣研修による専門性の向上―専門機関で研究に専念してみませんか―」　https://www.kyoiku-kensyu.metro.tokyo.jp/04leader/files/r02_chouki.pdf

い」「こんな学校がいいな」が浮かんできた。

　「自分にしかできないことを探し，行動した」この 1 年間は，私にとって大きな転換点となった。

■ 8.「支援者」ではなく「応援者」

　教師という仕事に慣れてきた頃，「仕事に使える趣味を始めたい」と考え，「運動会の応援団の指導ができたら楽しいな」くらいの軽い気持ちでチアダンスを習い始めた。2011 年からは社会人チームにも所属し，第 49 回日本ラグビーフットボール選手権大会決勝（2012 年），東日本大震災復興支援女子レスリングワールドカップ（2012 年）など，様々なスポーツの応援活動をしてきた。応援活動を行う中で，応援した選手から「応援団の応援が力になりました」と言われたり，「応援している姿にパワーをもらいました」と観客に言われたりすることを通して，「応援」がもつ力というものを実感してきた。

　また，東京マラソンの沿道応援（2013 年）では，ゴールを目指して走っているランナーの方から，「ありがとう。応援もがんばって！」と逆に励まされることもあった。励まされることで，応援している私たちも元気やパワーをもらい，さらに笑顔になって，より一層選手への応援に熱が入る。このような経験を通して，応援は元気やパワーを循環させると感じてきた。

　教師という立場でも，子どもたちを励ましたり挑戦しようとしている背中を押したりと，子どもたちの学習や活動への取り組みを日々応援している。そして，子どもたちの成長する姿を見て，また，時に掛けられる感謝の言葉などにパワーをもらい，自分自身の成長にもつながっていると感じる。だから私は，教師という仕事は「支援者」ではなく，「応援者」と表現したい。子どもたちとともに成長できる関係でありたいと常に思っている。

■ 9.　おわりに

　このようにして，「小学校教員」を目指すことに決めた大学時代から，現在に至るまでに見つけた「成長を導く My Seven Rules」は，今後も私の成長の糧

となり，心に刻まれ続けるだろう。

　そして，この「My Seven Rules」を礎にして様々な場所に学びに行き，同じ志をもつ仲間と出会うことで，次の出会いや次に進むべき道へとつながっていく。人との出会いこそが今日までの道を作ってきた。これからの道もきっと人との出会いが作ってくれるのではないかと思う。出会いを大切に，出会いに感謝して，これからも子どもたちの成長を応援し，応援することでますます自分も成長できると心から信じ，私は教師という仕事を続けていく。

子どもとともに成長する教員
─通常学級と特別支援学校の現場を経験して─

特別支援学校教員　片山有香子

 ## 1. はじめに

大学卒業後，教員として勤務する中で，たくさんの子どもたちの成長があるとともに，自分自身が成長し，教育に対する考え方がより明確になってきているように感じる。ここでは，自分自身が子どもたちと接する中で私が大切にしていきたい教育の視点を私の経歴も含め，述べていく。

2. 大学卒業後から現在に至るまでの経歴

私は，中央大学文学部教育学科心理学在学中に東京学芸大学の認定試験を受け小学校教員2種免許状を取得した（当時の中央大学には小学校教員養成課程がなかった）。そして，大学を卒業後，小学校に着任し，通常学級の担任として6年間，算数少人数担当として半年間勤務してきた。

その後，長男を授かり，育休から復帰の際に，知的障害の特別支援学校に着任することになった。自閉症スペクトラム障害（以降，ASD：Autism Spectrum Disorder）やダウン症，LD，ADHDなど，名前や特性を少しは理解しているものの，特別支援教育の免許をもっておらず，今までの経験が全く通用しない環境だったこともあり，当時の私は戸惑いも多く，日々の指導でやっとの毎日を半年間送った。この半年間の戸惑いや悩みがあったからこそ，その後の産休，育休中に，復帰した時の自分に何ができるのだろうかと，子育てをしていく中で少しずつ自発的に学び始めた。その後，産休，育休の5年間を経て同じ学校に復帰し，同僚とともに子どもたちを指導する中で，特別支援教育について学びながら仕事をしている。

　現在，私は 6 名の ASD の子どもたちを複数の教員で担任している。私がケースとして担任する児童は 6 名のうち 2 名で，通常学級で担任する人数の 1/20 であり，一人の子どもに対して手厚く指導をすることができる環境である。

　通常学級では，全ての児童に対して学習指導要領に従って，学年相応の学習内容を指導していくのだが，特別支援学校（特別支援学級）では，子どもの認知，運動，発達段階に応じて個別指導計画を作成し，指導を行っていく。そのため，試行錯誤しながらも子どもの日々のちょっとした変化や成長に気づき，とても近い距離でかかわることができる。こちらの働きかけ次第で，子どもがグンッと成長することもあり，子どもにとって次のステップへの原動力になっていると感じるだけでなく，私自身も喜びを感じる経験を積み重ねている。

3.　自分自身が大切に思う視点

　通常学級の教員から知的障害の特別支援学校の教員となり，改めて二つの教育現場での違いを考えさせられた。ここでは，二つの教育現場での経験を通して，自分自身が通常学級で行ってきた教育と知的の特別支援学校での教育の違いを元に，大切にしている考えについて以下の三つを記していく。

(1)　子どもの特性（中心課題）の見取り

　一つ目は，「子どもの特性（中心課題）の見取り」である。子どもの行動（こだわり行動も含め）から子どもの特性（中心課題）を見取り，教員としてどのような手立てを講じるのかを考えることである。

　通常学級では，担任一人に対して子どもが最大 40 人の大集団である。子ども一人ひとりの学習状況や性格，様子など子どもの実態把握も行うが，人数が多いこともあり，詳しく見取ることは難しく感じた。一方，特別支援学校では担任一人に対する子どもの人数が少なく，深くかかわることができるので，より詳しく子どもの様子を見取ることができる。そして，子どもの行動（良い面も悪い面も）に対して，教員としてどのようにかかわるとよいのかを考え，その子どもに合わせた対応をすることができる。

　例えば，ASD の A くんは，多動傾向があり，常にじっとしていることがで

きない。しかし，活動の見通しをもつことで落ち着いて過ごすことができるという特性がある。

　「遊びの指導」で，順番を守ってボールで遊ぶという授業を行った。A くんは，やりたいと思うと順番を守ることができず，やりたいと思ったらすぐに前に出てきてしまい，授業が中断してしまうことが多々あった。こちらが「座って」と言葉がけをしても，手で制止しても自分の思いの方が先立ち，前に出てきてしまう。周りの子どもたちもそわそわとし，落ち着かない雰囲気が教室中に見え始めた。同じクラスを担任する同僚と相談をし，A くんの特性（中心課題）である，「待つことが難しい」という点について手立てを講じることにした。

　A くんは ASD の特性である，聴覚よりも視覚からの情報が優位であること，一日の予定など見通しを立ててあげると落ち着いて行動できることから，活動の順番がわかるように子どもたちの顔写真カードを用意した。活動の順番に並べた子どもの顔写真カードを，活動が終わるごとに一人ずつ順番に外していくことにした。また，座席の順番も名前が呼ばれる順に固定化し，順番をわかりやすくした。すると，A くんは自分の番が来るまで順番を示す写真カードを見て椅子に座って待ち，友達がいつ終わるかをじっと見るようになった。また，A くんは前の子の活動が終わると，自分から前に出てきて活動に取り組むようになった。

　A くんの課題であった「待つこと」について，視覚的支援を行うことで，A くんにとって過ごしやすく，落ち着いて活動に参加できる環境になった。そして，結果的に周りの子どもたちにもよい影響を与えることができ，クラス全体が落ち着いていった。「子どもの特性（中心課題）の見取り」を大切にすることで，その子どもだけでなく学級全体としての合理的配慮を行うことができ，ともに過ごしやすい環境を設定することが可能となった。

　子ども一人を深く知ることのできる特別支援学校ならでの気づきであり，その「子どもの特性（中心課題）の見取り」ができるようになった自分自身の成長を感じた。

(2)　子どもの思考の見取り

　二つ目は，「子どもの思考の見取り」である。特に学習面では，子どもの思考を元に，子どもにとって「ちょうどいい課題（少し難しいけど，頑張ればできる）」を提示することである。

　通常学級では，学習指導要領に基づき，学年ごとに学習内容が設定されている。つまり，どの子どもにも同じ内容を指導しなければならず，学習についていけない子どもも出てきてしまう（もちろん，その中でも個に応じた指導をするが）。しかし，特別支援学校（特別支援学級）では，その子どもの実態に応じた学習内容を指導することができるので，子どもが「できる！」「できそう！」と感じられる課題を設定でき，子どもの主体的な活動につながる。しかし，個に応じた課題設定を行うためには，子どもの「思考判断」を常に考える必要がある。

　ASD のB くんは，「国語・算数」で「10 までの数を正しく数えること」が課題であった。1～5 までの数であれば，一対一対応もでき，正確に数えることができたのだが，数字が大きくなると，気持ちがはやり，指で具体物を指しているスピードと，数を数えるスピードが変わってきてしまい，具体物と数唱の一対一対応が丁寧にできなかった。

　そこで，B くんがどうして一つずつ落ち着いて数えられないのだろうとB 君の思考をイメージしてみた。1～5 であれば間違えずに数えられるけれど，6 以上の数を数える時には，「数が多くて嫌だな，早く数え終わりたい」「どれを数えたのかわからないよ」という気持ちになっているのではないかと考えた。そこで，10 のまとまりがわかりやすく，一つずつ入れやすい卵パックを使用することにした。卵パックの溝一つひとつに数字シールを貼り，一つずつ数えること（一対一対応）を身に付けることから始めた。その後，数字シールのない状態にしても，一つずつ正しく数えられるようになり，ほかの課題でも卵パックを使用しなくても，10 までなら間違えずに数えられるようになった。また，B くんが数えた具体物と実際に書いた数字が違った時にも，B くん自身が「あれ？　違うかも」と気づき，私に確認しに来る姿も見られるようになった。

　B くんの数を数える姿からその困り感を考え，支援をすることで，B くんにとって苦でなくなり，「できる」課題になったことがB くんだけでなく，私に

とっても大きな喜びに変わった。

　障害のある子どもは，自分の考えていることを表出することがとても苦手である。その子どもの考えを傍にいる教員として見取ることが，どれだけ大切で，子どもが成長する近道であるかに気づけた瞬間であった。

(3) 子どもの将来を見据えた指導の必要性

　三つ目は「子どもの将来を見据えた指導の必要性」である。どんな子どもも，いつかは学校という場所を巣立ち，社会という大きな枠組みの中で生活していく。通常学級の子どもたちの多くは，高校を卒業後，大学や専門学校に進学し，その後就労し，社会に出ていく。つまり，20歳を過ぎてから社会人として生活することが多い。

　しかし，知的障害の特別支援学校の子どもたちの多くは特別支援学校の高等部を卒業と同時に，企業や福祉作業所に就労もしくは社会福祉施設への入所，通所をしている。つまり，18歳には社会人として生活するということである。そのために，高等部を卒業するまでに，できるだけ自分の身の回りのことを自分でできるようにすることや，社会で生活するための力（困ったことを人に伝えられる力，公共施設等でのマナーなど）を身に付けることがとても重要である。また，自分の得意なことを見つけ，それを仕事としていけるようにすることも大切である。

　そこで私は，彼らの1日の生活が「仕事」＝「生活」だけにならないようにしていくことが何よりも大切であると感じ，今目の前にいる子どもたちに「余暇」を楽しめる力を身に付けられるように接している。

　ASDのCくんは発語がなく，自由な時間は教室をウロウロとすることが多く，落ち着いて過ごすことがなかなか難しい。また，教室の扉が開いているとすかさず廊下に飛び出していってしまう。そこで，Cくんにとって，教室でも楽しく過ごせるものを見つけることと，「散歩に行きたい（廊下に出たい）」と教員にカードで伝えてから教員と一緒に行動することの二つが彼にとって将来につながる一歩になると考えて指導を行った。

　Cくんに指導するにあたって，「(1) 子どもの特性の見取り」で挙げたようにCくんの特性を見取ることから始めた。CくんはCDデッキで音楽を流す

と，CDデッキの傍に寄って行き，音量のボタンを押しては，音量の上げ下げ
をしていた。また，Cくんが通う放課後デイサービスでは，職員さんの弾くギ
ターに耳や手をくっつけて穏やかに過ごしているということもわかった。その
様子から，「電子機器や楽器から伝わる振動が好きなのではないか」という仮
説を立てた。さっそく，休み時間にキーボードを渡すと，音量や曲を変えて，
その機械に伝わる振動を感じて楽しむ姿が見られた。キーボードという機械が
Cくんにとっての楽しみとなり，教室で穏やかに過ごすことができるようにな
った。そして，キーボードだけでなく，ボタンを押すと童謡が流れる本やiPad
もCくんにとって教室で休み時間を過ごすための大切なグッズとなった。

　また，急に外へ飛び出すのではなく，「散歩に行きたい」と教員に伝えられる
ように，歩いている人が描かれたイラストカードを散歩に出るたびにCくんに
もたせ，教員に手渡すことができるようになるように支援した。発語のないC
くんにとっては自分の意思を表現する方法が行動しかないため，思いを伝える
ことが難しかった。しかし，イラストカードの使用により，突然教室を飛び出
していったCくんが，今では，自分からカードを教員にもってきて「散歩に行
きたい」という思いを伝えられるようになった。これは，Cくんにとっての他
者に対するコミュニケーションの広がりであり，本人が自分の思いを伝えられ
たと実感できた瞬間だったと思う。今では，「散歩」カードだけではなく，「ト
ランポリン」や「保健室」のカードをもってきて，自分の行きたい場所を伝え
てくれるようになった。

　興味の幅を広げ，自分の時間を過ごすことのできるアイテムを獲得したCく
んは，とても穏やかに休み時間を過ごしている。Cくんは，自分の行きたい場
所を伝えられないもどかしさをカードというツールを使って表現できるように
もなった。Cくんはカードで思いを伝えられた瞬間，とても嬉しそうな顔をす
る。そのCくんの行動や表情を見るたびに，Cくんの成長を後押しできたこと
に私は喜びを感じることができた。

　ASDのDくんは，発語はあるが，自分の思いを表出しにくい児童である。
トイレに行く際，扉にカギがかかっており，教室を出ることができず困ってい
た。「開けてください」と言うよう促すと，扉のカギがかかっている時には，
「開けてください」と教員に伝えられるようになった。それ以降，Dくんにと

って困り感がある場面ごとに，Dくんが伝えるべき言葉を教えていった。すると，友達が遊んでいるキーボードの音がうるさい時には，「小さくして」と言ったり，上着のチャックを上げられずに困っている時には，「手伝ってください」と伝えにきたりすることもできるようになった。

　Dくんにとって，自分の困り感を言葉で他者に伝えられることは，Dくんが大人になった時，Dくんにそっと手を差し伸べてくれる人が増えていく環境を作る力となると感じた。

　Cくんも，Dくんも，ASDという見た目ではわかりにくく理解されにくい障害がある。社会に出た時，困ったことがあれば助けを求め，自分の自由な時間を楽しむことで，Cくんも，Dくんも，豊かな人生を送ることができるのではないかと思う。

　子どもたちが学校を卒業して，どのような人生を送ってもらいたいか，そのためにはどのような力をつけさせて卒業させればよいかを考えることが，教育の本質だと考える。私が子どもたちにできることは，ほんの少しのことかもしれないが，子どもが社会に出た時，少しでも困らないように，大人になった時の姿を想像しながら支援していくことはとても重要なことだと感じることができた。

▌　4.　おわりに

　通常学級と特別支援学校という二つの教育現場を経験したことで，今まで気づくことのなかった新たな教育の視点を大切に教員という仕事をしている。

　その視点は，特別支援学校だけでなく，通常学級に復帰した時にも生かされるように感じる。例えば，現在の通常学級の小学校の授業のあり方を特別支援の観点から見てみると，自分が授業をするなら，こんな教材を使ってみたい，こんな発問をしてみたいと，いろいろなアイデアが浮かんでくる。前に述べた子どもの特性（中心課題）を見取ることで，学級全体に対して合理的配慮がなされ，わかりやすい授業を展開することができるだろう。また，子どもの思考を見取ることで発問の仕方や教材提示の仕方も変わってくるだろう。そして，何よりも，子どもの将来を見据えた指導を行うことで，授業の中だけでなく，

本当に必要な力は何だろうという視点に立って子どもたちに指導することができるのではないかと考える。例えば，ただ知識だけがあればよいのではなく，他者に伝える力や自分を表現する力を学習の中に取り入れていくことで，通常学級の子どもたちも，これからの社会を生き抜いていける力を身に付けることができるのではないだろうか。

　今まで，教員として子どもたちとかかわる中で，子どもたちを成長させようとしてきたが，子どもの成長は自分の成長につながり，また新たな発見をさせてくれてきたと思う。そして，その発見は自分の自信となり，次へのステップに進んでいくことができる原動力になっていると思う。

　これからもたくさんの子どもたち（障害の有無にかかわらず）に出会っていく中で，子どもを成長させようとすれば，教員も成長することができるだろう。子どもの成長をともに喜ぶことができることが，教師としての何よりの醍醐味であると感じる。これからも，子どもたち，そして，私自身の成長を楽しみに日々かかわっていきたいと思う。

学習指導を通した指導者の成長
―8年目の塾長より―

個別指導学習塾塾長　青木　望

1. はじめに―塾業界に入って―

　2013年4月，私は新卒として東京のとある学習塾の教室に配属された。当時の私にとって教育業界は未知の世界であり塾講師のアルバイト経験も皆無であったので，期待よりも不安を大きく抱えるスタートとなった。何より配属された個別指導部門では，新卒などの1年目の先生も「室長」として役職につき，アルバイト講師を抱えリーダーとして勤務にあたるため，教務的なことだけではなく組織の運営も考えながらバランスよく学んでいくことが求められた。最初の時期，手探りで生徒と接して，名前と顔を必死に覚えていった。この時の私は塾における学習指導の役割を画一的に捉えていた。全ての生徒に本質的な同じ指導をしていけば結果も出てよい塾になると思っていた。

　また，塾は学校と違い営利団体であるため，教室単位での売り上げが評価の大きなポイントとなる。それに加え受験の実績も地域の評判に与える影響は大きく，多くの生徒を集めながらワンランク上の志望校合格へ導いていくことが重要となる。個別指導部門では中学受験，高校受験，大学受験全てを受けもつので，その特性をそれぞれ理解し対処していかなければならない。中学受験では保護者主体，高校受験は親子ともども，大学受験は本人主体であることを体当たりで学んだことを覚えている。自分自身が努力して学力を上げ，ワンランク上の学校に合格した経験があったため，生徒保護者にも同じ感覚を押しつけた進路指導をしてしまったのを覚えている。今思えば独りよがりな進路指導であった。

2.　生徒と向き合う―コミュニケーション編―

　まず私がぶつかったのは，生徒の個性であった。私の勤める企業の個別指導部門では講師一名につき生徒二名を教える。1コマは1時間程度で，その間じっくりと生徒に向き合うことになる。生徒は勉強を教わりにくるだけでなく，様々な思いを抱え教室にやってくる。中にはいじめを受けていたり，両親と不仲だったり，様々な理由で心を開いてくれない子もいる。熱の込もった授業を実施し数をこなす間に関係性が深まる子もいれば，そうでない子もいる。新人の頃は，とにかくこちら側から積極的にコミュニケーションを取っていけば自ずとどんなタイプの子も心を開き，こちらの提示した道を歩いてきてくれると思い込んでいた。画一的な見方で子どもを捉えていたのである。

　そんな私が教室を運営するうえで悩んだのは，退塾についてだった。塾は保護者が授業料を払い，それに見合った対価（点数アップ，成績アップ，志望校合格）を与えることにより成り立っている。当然結果が出なければ，通塾させた意味がなかったとされ退塾されてしまう。こちら側が良かれと思っていた行為が，退塾の原因となってしまうこともある。私も多くの生徒を受けもったが，それまで楽しく毎日通っていた生徒が急に来なくなってしまうことがあった。後々退塾の表明を保護者よりいただいた後に理由を聞いてみると，様々な理由が出てきて驚いた。中でも驚いたのが積極的に話していた生徒が，こちらのコミュニケーションが原因で退塾になってしまったというものである。その子は普段から明るい子であり，学校でも友達が多く塾でも気さくに話すタイプであった。日頃から多くの講師とも交流があり，室長の私としても安心して見ていたはずだった。が，その子にとっては塾は安息の場だったのだ。生徒である子どもたちはまだ社会人ではなく，そのコミュニティは狭いように思われる。しかし，子どもたちにも家庭，学校，習い事，友人関係などあらゆる場面に適応することが求められており，疲弊していることもあるのだ。そこを当時の私は理解しておらず，その子にとっての塾を学校と同じ場にしてしまった。その子はコミュニケーションの場ではなく，落ち着いて学習する場が欲しかったのである。個別指導ゆえに生徒との距離感が近くなるからこそ，生徒ごとに心地よい空間を作っていってあげることも塾長の仕事なのだと学んだ。

3.　生徒と向き合う―学力編―

　生徒とのコミュニケーションについて理解した後に考えなければならなかったのは，学力に関してであった。こちらも生徒ごとに千差万別で，学校の進度に大きく遅れをとっている子や，それとは逆に先取りし過ぎて学校の内容では物足りなくなってしまっている子もいた。私が中でも大きく悩んだのは保護者側とのニーズの相違であった。例えば普段から数学が20点台の子がいたとする。保護者としては80～90点台を取らせたくて入塾させる場合が多いのだが，これがまず難しいのである。20～30点台を取ってしまう子というのは学校の内容がまず疎かになっており，前学年の内容から復習が必要となる。1コマの間に復習と予習の両方をやる時間はないから，苦手科目で2コマ取っていただいたとして単純に2倍の時間がかかる。そうして時間をかけて何とか学校の内容に追いつき，いざテストに臨むと40～50点を取る。これは我々にとっては大きな成功だが，保護者から見たら授業料に見合った結果ではない。保護者は高得点を取らせてほしいのであって，平均点を取らせたいのではない。どれぐらい時間がかかるとか，その子にとってどれぐらい成長したかは二の次となるのが多いのである。それゆえ入塾時に保護者と相談をし，目標設定とそこにかかるであろう時間やプロセスを徹底して共有しておくことが大事であること，それを多くの生徒を退塾させてしまって気づいたのである。

　特に悩んだのは学習障害のある子の目標設定と指導である。本人は努力しているのに理解しても短期で記憶が消えてしまう。1年目でもったとある子は毎回の授業が同じところの繰り返し確認であった。こういったケースの場合，保護者の理解が必要になる。長期間の指導でようやくいくつかの単元を理解し記憶しテスト本番でアウトプットできるようになれば成功だ。当時の私はとにかく粘り強く向き合った。基礎基本問題を毎回類題で用意し，繰り返し繰り返し取り組ませた。本人が目標である10点アップをして笑顔で報告した時は，この上ない喜びを感じたものである。

　保護者とゴールを共有したら，次に向き合うのは生徒の学習プロセスだ。私は室長であるから，全ての生徒と時間をかけて向き合うことはできない。直接授業を担当するアルバイト講師と二人三脚でゴールに向かって走っていくこと

となる。なかにはおしゃべりに夢中で授業にならなかったり，講師の言うことを聞かない子，遅刻ばかりで進度が遅れる子がいる。こういった子どもたちは高圧的に言うことを聞かせるだけではうまくいかない。先述した距離感を理解するのはもちろん，どういった学習法が適しているのかの見極めも必要となる。一番いい方法は小さな成功体験を積ませてあげることだ。一部の子どもを除き，個別指導に通塾する子は自身の学力に劣等感を抱いている子どもが多い。それゆえ，まずは褒めて認めて励まし自己肯定感を高めてあげることが必要となる。具体的なツールとしては，小テストやその子どものレベルに合わせた問題演習がよい。たとえ学校の進度に遅れた内容であっても，問題を正解することによって得られる「やればできる」という実感が子どもに及ぼす影響は，大人の予想以上に大きいのである。一回その流れに乗ってしまえば，我々が何も言わずとも自ずから勉強するようになる。塾は勉強する場であり，そこで問題を解かせるのは当たり前だ。そこで，塾以外の場で学習習慣をつけさせること，それが学力不振の子どもが成績アップする重要な一歩であり，この仕事の難しい且つ最もやりがいのある部分である。

　ここで一つ勘違いしてはならないのが，塾で全てを完結させる必要はないということである。学校の授業が母体であるのは間違いないし，そもそも定期テストを作るのは各科目担当の先生だ。高校であれば学校の課題やプリントを中心に出題されるし，中学であればノートや授業の途中でテストに出る箇所を明言している場合が多い。また，大学受験における学習指導にメスが入り，現代の子どもたちにはグローバルかつ主体的な視点が求められている。今までの画一的な解答で点が取れた時代ではなく，自分の頭で考え論じ発信していくことができなければ進学は難しい。それも踏まえ，高校受験や中学校のテストも大きく影響を受けている。テスト範囲が出題者から明確に述べられそれに向けて学習すればいい時代は終わり，テーマが与えられそれに対して生徒が考え勉強をしていく必要がある。そういう時代の変化も学校側で起きていることを踏まえ，我々はサポートしていかなければならない。そのため，学校での学習を疎かにさせずしっかりと向き合わせていくことも，塾としての重要な役割となるのである。

■ 4. 受験というゴールを見る塾

　そうして生徒とのコミュニケーションを覚え，定期テストや成績などの目標を追う中で見えてくるのが，最終的なゴールである受験である。冒頭で述べたとおり一年目で室長として生徒の人生の節目に向き合うプレッシャーは並々ならぬものがあった。一番多いのが高校受験，次に大学受験，そして中学受験である。もちろんだが生徒も保護者も本気だ。ここで先述した結果を出して返さなければならないという言葉の意味が重くのしかかってくる。夏期講習を終えて秋になると模擬試験も増え，具体的な志望校を絞っていく時期となる。ほとんどの子が自分の実力より高めのところを目指していくため，志望校判定は低くなる。その現実と理想の穴埋めを保護者と生徒に配慮しながら行っていくのが塾講師の本分だ。どうしてその志望校に行きたいのかは生徒によって様々だ。やりたい部活があったり，雰囲気がよかったり，大学の進学率で保護者がよいと判断し決めることもある。私が一番苦しんだのは本人の実力と志望校の偏差値が離れすぎているケースである。高校受験の場合は学校の成績も加味されるので取り返せることもあるが，そうでないことも多い。ここで我々が行うのは，希望や絶望をもたせることではなく，ともに現実と向き合っていくことである。

　中学受験では本人がまだ小学生のため，保護者が熱意をもって志望している場合が多い。入試問題の内容も，高校受験や大学受験と比べ知識ではなく応用を求めるものが多いので，家庭で保護者とともに取り組んでいただかなければならない。そこで，保護者と生徒の関係性や温度差に注意しながら進路指導をしていく必要がある。当然遊びたい盛りの小学生に受験のストレスを負わせるわけなので，公立中へ進路変更する子も見てきた。が，向き不向きはあれど保護者が自分の子どもの進路を本気で考えて志望している以上，我々はそれが最後まで遂行するようサポートしなければならない。保護者とのコミュニケーション頻度が一番高いのが中学受験なのだ。

　高校受験になると本人と保護者の熱意の差にも注目していかなければならない。よくあるのが，本人が強く志望しているが，保護者はもっと高いレベルを目指しているケースだ。この場合どちらかを説得するか折衷案を考えることに

なるが，最終的に決断を下すのは本人である。我々や学校の先生，保護者の進路ではない。本人の人生なのである。ここの見極めを間違えてしまうと，子どもの心に後悔や挫折という取り返しのつかない傷を負わせてしまうことになる。ましてや，現代の受験期の進学塾カリキュラムは量が多い。私の塾のシステムは年末に100時間近く拘束する。それだけ人生の節目に努力して目標に向かって突き進む瞬間に寄り添うのだ。我々も本気で向き合わねば，生徒はそれを見抜き閉じこもり孤独に勉強と闘うようになる。それをさせず保護者とともに葛藤し決断させ結果を出させるのが高校受験である。

　大学受験は本人の希望する進路をどれだけ具体的にイメージさせるかがメインとなってくる。高校生なので，ある程度自立し学習計画なども中学高校受験で学んできている。それゆえ，そこで余裕がある分を進学後のイメージ作りに回させてあげるのも我々の仕事だ。偏差値だけで決め，興味のない学部学科に行かせ，就職の際に露頭に迷わせることがあってはならない。また，全ての子が明確にやりたいことや進路イメージができているわけではない。そのヒントを与え，ゴールを設定してあげるのも必要だ。先述した大学入試改革のあおりもあり，主体的に考え意見をもたせなければ世の中の動きにはついていけなくなる。その練習をさせていくのも重要となる。

　こうして各受験の特性を踏まえ数多くの生徒と向き合い，志望校に受からせ，また残念ながら落としてしまい，それでも卒業を見送る。受験に絶対はないし一人たりとも同じ子はいない。子どもの成長を，勉強というものを通して手伝っていく，それが塾講師なんだと7年を通して大きく学んだ。生徒を変えるのではなく，理解者となりその背中を見守っていくことが，本人の人生を一歩踏み出させることになるのだと思う。

5. おわりに―昨今の情勢を踏まえて―

　昨今新型コロナウイルスが蔓延し，教育の現場も変化を求められている。学校も3月から休校し，子どもたちは新学期の変化を肌で感じることができず，不安を抱えている。私の個別指導部門では，テレビ電話を使って授業をする形態で対応している。直接話したり，学習状況を見られるわけではないが，こち

らの声を届けて，「学びを止めない」一助となっているのは間違いない。保護
者も不安になっているし，今年受験する子たちは言うまでもない。保護者と面
談をしていても，生活リズムの乱れや友達とのコミュニケーション不足，一人
の時間の欠如などから多大なストレスを抱えてしまっているという意見を多く
聞く。こんな時期だからこそ塾として，塾長として，塾講師として教育に再度
向き合う必要があるのではないか。私が今赴任している千葉県では，塾の敷地
面積によっては通塾できるところもある。その場合，たとえ感染予防のために
生徒との距離を離しながら授業を行っていたとしても，直接寄り添ってストレ
スを減らしてあげることはできると私は確信している。まだまだ未熟な部分も
多々あるが，教育に携わる者の一人として，この大変な時代に，子どもたちに
向き合っていきたい。

１年の流れとマネジメントとしての塾とは

　塾は春期・夏期・冬期講習を区切りに３学期に分かれて運営をしていく。多くの生徒は１学期に入塾し，テストや成績アップなどの小目標をクリアするために通塾する。１学期は主にコミュニケーションの期間だ。目標も大事だがまずは一人ひとりがどのような生徒なのかを知る必要がある。

　生徒への理解が深まり，夏期講習に入ると１学期の成果や評判を聞いて友人などが増えてくる。そうすると，通塾人数の最も多いその地域で中心的な中学校から通塾する子どもがさらに多くなってくる。２学期からは学校ごとの特性を踏まえながら成績やテストの点数アップを追い求めていく期間となる。また，入試も徐々に近づいてくるので受験学年については保護者との意思疎通も進路面談を通して行っていく。

　冬期講習では受験学年がメインになり，３学期に突入していく。受験が佳境になってくるとメンタルバランスが崩れる子どもも出てくる。保護者からの意見も多くいただく。その中で志望校を決定し，受験という闘いへ送り出していく。そうして進路が決まり，卒業する子ども，引き続き通塾する子どもに分かれ，非卒業学年の子どもたちは次学年の内容へと入っていく。

　一年の流れとしては以上になるが，塾としては授業をする教務面だけではなく，マネジメントとしての業務もある。担当する生徒と講師の相性や授業の深度内容が保護者や本人の要望とマッチしているのかを逐一確認していく必要がある。必要があれば保護者面談で微調整を行ったり，講師に指導や研修をしたり，生徒面談で本音を引き出し，それを反映する必要もある。そのようにして細かい部分を見つつ，全体の雰囲気も整えながら学習をする場としてあらゆる生徒が通塾しやすいような環境を構築していく。

　塾での指導の本質は生徒を理解することである。我々が正論ばかり述べて勉強を押し付ければ生徒は離れていく。生徒には塾に通う義務はない。それでも学校が終わり，習い事の合間を縫い，時には保護者のプレッシャーを感じながら，時間を割いて様々の思いを抱えて来てくれているのだ。だからこそ，それに応えられるだけの様々な「学び」を与え，生徒の成長に寄り添っていくことが重要である。

生徒たちとともに
―特別支援学校の教員としての歩み―

特別支援学校教員　鈴木孝子

1. はじめに―なぜ特別支援学校の教員になろうと思ったか―

（1）教師への憧れ

　自分が小学生の時は小学校の，中学生の時は中学校の教師になりたいと思っていた。特に中学生の時は，所属していたバスケットボール部の顧問にもなりたいと思っていた。

　高校3年生になってどこの大学へ進学しようかと考えていた時に，当時は教員採用試験の倍率がとても高く，合格するのは難しいだろうと思い，教員養成大学を受験しないことにした。代わりにどのような職業スキルを身に付けようかと，進路の情報誌に目を通していたところ，心理学の文字が目に留まった。児童相談所でカウンセラー……そうか，教師にならなくても子どもにかかわる仕事ができるかもしれない，と考えた。教員になるのと同じくらいか，それ以上にカウンセラーになることは難しい。そういうこともよくわからないままに心理学を学べる大学を志望し，受験に挑んだ。そして中央大学へ進学することになった。

（2）諦めかけた教員の夢を再び追いかけて―大学院へ進学―

　大学へ進学後は，オリエンテーションで先輩から散々「心理学で食べてはいけない」などと言われて，この先どうしようかと思っていた。どの科目を履修しようか調べていたところ，教職課程があることがわかった。その時も教員になるつもりはなかったが，小さい頃の夢を少しでも叶えるつもりで，当時の心理学専攻で取得することのできた，社会の教員免許を取るために科目を履修することにした。

　4年生になり就職活動をしながら，教育実習にも行った。教育実習は本当に大変だったが，やはり子どもたちと直接かかわる仕事がしたいと思い直し，当時内定をもらっていた会社を辞退して地元での教員を目指すことにした。しかし，すでにその時には次年度に向けた教員採用試験は受けられなかったので，就職浪人をするしかなかった。その状況を知って，ゼミの担当教授の都筑先生が地元の国立大学の大学院へ進んではどうかと助言してくださり，支援を受けて何とか大学院へ進学することができた。

(3)　肢体不自由校の遠足ボランティアに参加して

　大学院では，認知心理学を研究されていた教授のもとで研究活動を始めた。

　それと並行して，様々な活動にも取り組んだ。その中の一つが，肢体不自由養護学校（現：特別支援学校）での遠足ボランティアであった。教授の奥様が肢体不自由養護学校で教員をされていた関係で，そのお手伝いをしに，年2回ほど参加させてもらっていた。

　最初の年はよくわからないままに障害のある子どもたちと接したので，「この対応で大丈夫だろうか？」と，不安に思うことが多かった。しかし，自分がかかわることで子どもたちが笑顔になると，とてもうれしく思った。

　2年目になると，子どもたちの成長が見えるようになった。それまでは見えなかったリラックスした表情だったり，コミュニケーションが豊かになる様子だったり，あるいは動きが活発になったりする様子などを目の当たりにする経験を通して，こんなにも子どもは変わるのだ，と驚いた。そのことを教授の奥様にお伝えしたら，「その変化は誰でも感じられることではないのよ。自分が感じたことを大切にして」と返してくださった。この一言が，のちの私の進路決定に重要な意味をもつことになった。

(4)　教員採用試験不合格─養護学校枠のある東京都の教員採用試験に挑戦─

　大学院2年目の時に，地元の教員採用試験を受けた。当時の中学校の社会の採用予定人数は数名だった。実際に受験してみて，特に専門教科としての社会の試験問題が難しいと感じ，正直猛勉強しても到底合格する気がしないと思っていた。

　そんな時，教授から，東京都が養護学校枠での中学・高等学校の社会の教員
も募集していることを教えていただいた。そこで東京都の採用試験問題を調べ
てみると，養護学校の試験問題には，教職教養や専門教科に関する問題だけで
なく，障害児教育に関する問題も出題されていたので，自分も少しは勉強すれ
ば何とか合格できるのではないかと考えた。また，教授の奥様の「（障害のあ
る）子どもの変化は誰にでも感じられるものではない」という言葉を思い出し，
自分が養護学校教員としての適正があるかどうかを見極めようと思い，次年度
は東京都で受験することを決めた。養護学校枠の採用予定数が比較的多かった
ことも決断を後押しした。1年間就職浪人するので時間的な余裕が生まれるた
め，教員採用試験の勉強も兼ねて，通信教育で養護学校の教員免許を取った。
翌年の東京都の教員採用試験は補欠合格だったが年度内に正規採用されること
がなく，結局その翌年の教員採用試験を再受験してようやく正規合格し，1997
（平成8）年度の4月から晴れて養護学校の教員になることができた。

2. 特別支援学校の教員になって

(1) 生徒とわかり合うために―自らのコミュニケーションスキルを高める―

　最初に赴任した学校は，知的障害の養護学校であった。受けもったクラス
は，高等部1年の重度重複学級だった。生徒たちは，言葉ではなく表情や指差
しなどで自分たちの意思を伝えてきたので，私はそれらを読み取ることに必死
だった。意思を十分に汲み取ることができなくて泣かせてしまった時は，申し
訳ない気持ち，情けない気持ちでいっぱいになった。

　その後に受けもった高等部2年普通学級の自閉症の男子生徒は体が大きく
て，身長が180cmもあった。夏の暑い時期になると，校外活動に行きたがら
ないことがあった。この生徒も発語がなかったので，どのように意思疎通を図
ろうかと悩んだが，養護学校で遠足のボランティアをした時に教授の奥様から
「自分が感じたこと大切に」と言われたことを思い出し，「こんなに暑いと外に
行くのはしんどいよね」など，自分が受け止めていることを言葉にして伝えて
みた。すると，状況を受け入れて動き出すということがあった。こちらが言葉
で伝えている内容を理解できる生徒もいるのだなと思った。この経験から，彼

らが思っているであろうことを言語化して確認をするようになった。

　その後，マカトン法というサイン言語や手話を使ったり，PECSという絵カードを使ったコミュニケーションシステムを活用したりするなどして，発語のない生徒とのやりとりができるようにしていった。内言語が育っており，聞き取りができる生徒は，こちらが言葉で発した言葉を正しく理解し，身振りや絵カードを使って対応できることがわかった。やりとりができるようになると，生徒たちは私にたくさんのことを伝えてくれるようになった。

　特に自閉症スペクトラム障害の生徒は，同じことでも繰り返し伝えてきた。ギョーザが好きな生徒がいて，毎週日曜日は家庭でギョーザを作って食べていた。「にちようび・おかあさん・ギョーザ・つくる・たべる」と毎週末に私へ文字にして伝えていた。私がその文字を読むと納得して次の行動へ移るのだが，しばらくするとまたその文章を書いて私に繰り返し読ませていた。その時のことを振り返ると，スケジュールを伝えるという目的よりは，楽しみで仕方がないということを伝えたかったのではないかと思う。

(2)　「自分でできた」を目指して—自己肯定感を高める—

　授業で足し算をする時，暗算で正答できる生徒もいるが，指を使って数えても数唱とずれてしまって誤答する生徒もいる。生徒の実態に応じてねらいを設定し，達成できるよう手立てを講じることが，特別支援教育において重要なことと考えている。

　ねらいを設定する際には，単元計画の中で確実に達成できるようなものにすることを私は最も大切にしている。高等部に進学してくる生徒は，学習を積み重ねてきても思うように覚えられなかったり，忘れてしまったりするなどして，少なからず苦手意識をもっている。よって，課題を達成する体験を積み重ねて自己肯定感を高められるようにしている。そのためにどのような支援をすればよいのか，個別に手立てを考えて，結果どうであったかを評価し，次の授業で改善して生かすようにしている。この「個別の手立て」を考えることが重要で，特別支援教育の「肝」の部分であるといっても過言ではない。

　WISCの検査で言語性IQが70あるのに，動作性IQが50しかない男子生徒を担任したことがあった。高等部入学当時はとにかく環境に慣れるのに時間が

かかり，私が担当していた数学の授業では50分間教室にいられなくて，何かの契機に大声で叫んで退出することがしばしばあった。生徒自身も，言語性が高いゆえに，粗大運動をやっても思う通りに体を動かせないことや，また手先の巧緻性が乏しいことなどがよくわかるのであろう，本当に何をやっても不器用で自信がもてないと言っていた。見ている私も，彼の辛さを感じていた。

　他教科でも同じ状態であったので，担当教員間でその生徒についての授業の様子を共有し，個別の対応について協議を重ねた。その時に大事にしたことは，「できた」という実感をもてるようにしよう，ということであった。座ることができた，鉛筆を持つことができた，ワークシートの枠内に数字を書くことができた……から始まり，計算をすることができた，計算の見直しをすることができた，文章題の立式ができた……など。できたことをその都度評価して「それでいい」というメッセージを発信し続けた。一進一退を繰り返しながらであるが，少しずつ落ち着くことができ，1年生の終わりにはようやく授業の最後まで参加できるようになっていった。本人の笑顔も，少しずつ見られるようになり，嬉しく思った。

(3) 役割が変わると，生徒へのかかわり方も変わる

　新規採用で着任した学校に6年勤めた後，次の勤務校では担任をしながら進路指導担当教員として，福祉関係の事業所や企業と関係を築きながら，卒業後の進路先へつなぐ仕事に2年間携わった。その時に気を付けていたことは，生徒たちのコミュニケーションの仕方について，配慮事項を含めてわかりやすく伝えることと，休憩時間の過ごし方であった。特に発語のない生徒は，自分の意思を初対面の支援者にどのように伝えたら理解してもらえるかわからず，パニックになることが多い。そうなることを避けるために，自分の好きなものをクリアファイルに挟んで指差しで要求できるようにするための「コミュニケーションブック」を作成したり，文字で表現できる生徒にはホワイトボードを持たせてそれに書けるようにしたりしていた。また，休憩時間にすることがないと落ち着かなくなってしまう生徒のために，大好きなピザの広告を切って貼り合わせてコラージュの作品にするようにしたり，刺繍を持ち込んで静かに取り組めるようにしたりするなど，生徒の実態に応じて楽しめることを，本人・保

護者，進路先と相談しながら用意するようにした。

　その後，結婚，出産，育児休業を挟んだ後，現任校へ着任してからは，入学相談の仕事をするようになった。特別支援教育コーディネーターとして中学校を訪問し，入学希望者の生徒の様子を観察したり，中学校の先生と進路指導の情報を共有するなどしたりした。入学相談などで得られた情報と合わせて，新しい担任へスムーズに引継ぎができるようにケース会を設定するなどシステムを構築した。また，他の特別支援学校や高等学校のコーディネーターと連携し，支援困難なケースの対応について検討する研究会にも参加した。よく話題になっていたのは，生徒自身の障害特性から生じる支援の難しさよりも，家庭に問題があるケースの支援の難しさであった。その際にどのような支援機関とどのように連携すればよいか，という情報を共有できたお陰で，自分の支援者としての幅を広げることができた。

　現在は学年主任として，主に担任を支援しながら学年集団をまとめる仕事をしている。直接生徒を支援することは以前に比べて少なくなり，寂しい思いをすることもあるが，担任の先生方を支援することで生徒たちが望ましい方向に進んでくれたことをきっかけに，ようやく嬉しいと思えるようになってきた。

(4)　多職種の支援機関と連携を図る

　卒業時に進路先を決めることができなかった生徒がおり，担任から，今後どうしたらよいか，という相談を受けた。私にも以前担任をしていた発達障害の生徒が，就職したものの周りの人とうまくやっていけずに離職した経験があった。現在も社会参加できない状態が続いているので，卒業生には長期休業中に連絡を取り，必要に応じて支援を続けている。そのような事例を伝えながら，もし支援を求められた時に必要な情報を提供できるよう（どこへ相談したらよいか，など），支援機関と常に連携できるよう，ネットワークを構築しておくことを勧めた。

　特別支援学校の児童・生徒は，在学中から卒業後も，福祉・医療・産業分野など多職種と必要に応じて連携しながら支援を行っていく必要がある。小学部・中学部における連携先である地域の子ども家庭支援センター，児童相談所などは，高等部を卒業する段階で地域の障害福祉課（福祉事務所）に移行して

いく。また，日中の活動が学校から地域の福祉施設あるいは企業での活動に移行していく過程の中で，ライフプランをどのように組み立てるかをマネジメントする相談支援事業所が，それまで学校（担任）が担ってきた役割を引き継ぐようになる。

　20歳になると，障害基礎年金の申請ができる。そのためには，診断書を書いてくださる主治医が必要である。幼少の頃から主治医がいるケースはよいが，そうではないケースも多くある。学校医が相談に乗ってくれることもあるが，難しい場合は家庭で医療機関を探さなくてはならない。

　適切な支援をするためには，新しい情報取集を積極的に行うことが必要である。そのため，関係機関との顔の見えるネットワーク作りが欠かせない。

(5) 心理学を特別支援教育に生かす

　特別支援学校に通う児童・生徒の中には，自分が他者からどのように見られているかの把握が難しいことがあるが，その理由の一つに「メタ認知」が乏しいということが挙げられる。そのことを意識して児童・生徒と向き合い適切な手立てを講じられるかが，一つの重要なポイントだと考える。校内研修会で認知・記憶のメカニズムやマジカルナンバー7の話などについて改めて話を伺った時に，大学や大学院時代で学んだことが，特別支援教育で生かされているのだということを，改めて認識したものだ。

　小・中学校でも発達障害のある生徒へ個別に対応する事案が増えており，また，依然として不登校の生徒への対応が難しい状況であると聞いている。認知心理学に加えて教育心理学や発達心理学の知識を活用する機会は多いと思う。子どもたちの成長の助けとなるように，継続して心理学を学び続けていきたい。

特別支援教育について

　「『特別支援教育』とは，障害のある幼児児童生徒の自立や社会参加に向けた主体的な取り組みを支援するという視点に立ち，幼児児童生徒一人一人の教育的ニーズを把握し，その持てる力を高め，生活や学習上の困難を改善又は克服するため，適切な指導及び必要な支援を行うものです…」と文部科学省および東京都教育委員会のホームページで紹介されている。

　東京都内には特別支援学校が全部で57校ある（2020（令和2）年4月現在）。内訳は以下の通りである。

視覚障害特別支援学校	4校
聴覚障害特別支援学校	4校
肢体不自由特別支援学校	18校 [a)]
知的障害特別支援学校	41校 [b)]
病弱特別支援学校	5校

注 a) うち10校は知的障害併置校，4校は病弱
　　　併置校。
　　b) うち1校は病弱併置校。

　一人ひとりの教育的ニーズに対応するため，東京都では，知的障害が軽度から中度の生徒の着実な企業就労の実現に向けて，就業技術科及び職能開発科などの職業学科を設置したり，学校の新設や校舎の増改築を行うなどして教育環境を整えている。
　また，区市町村教育委員会と連携して，小学校，中学校の知的障害特別支援学級から特別支援学校高等部までの一貫した教育課程の研究を行ったり，都立高校等における発達障害教育の推進なども行っている。

学級編制の標準
　特別支援学校や特別支援学級では，子どもたち一人ひとりの実態に応じたきめ細かな指導を行うため，少人数で学級が編制されている。
　学級編制の標準の在籍者数は，下の表のようになっている。

校種など	在籍者数
小学校（1年生）	35人
小学校（2～6年生），中学校	40人
特別支援学校（小学部・中学部）[注)]	6人
特別支援学級（小学校・中学校） 特別支援学校（高等部普通科）[注)]	8人
特別支援学校（高等部就業技術科，職能開発科） ＊東京都の場合	10人

注）特別支援学校（小学部・中学部・高等部普通科）の標準について，文部科
　　学大臣が定める障害を二つ以上併せ有する児童又は生徒で学級を編制する
　　場合にあっては，3人となる（→重度重複学級）。

「個別の指導計画」と「個別の教育支援計画」について

> 　「個別の指導計画」とは，指導を行うためのきめ細かい計画のことである。幼児児童生徒一人一人の教育的ニーズに対応して，指導目標や指導内容・方法を盛り込んだ指導計画のことである。例えば，単元や学期，学年等ごとに作成され，それに基づいた指導が行われる。
>
> 　「個別の教育支援計画」とは，他機関との連携を図るための長期的な視点に立った計画のことである。一人一人の障害のある子どもについて，乳幼児期から学校卒業後までの一貫した長期的な計画を学校が中心となって作成する。作成に当たっては関係機関との連携が必要である。また保護者の参画や意見等を聴くことなどが求められる。（文部科学省，2016 より一部抜粋し改変）

　東京都では，「個別の指導計画」を「個別指導計画」と，また「個別の教育支援計画」は「学校生活支援シート」という名称で作成している。

　授業のねらいを設定する中で，「個別の手立て」を一人ひとりについて考えることが大切だということを先に述べたが，それがこの「個別指導計画」の中の指導方法とリンクしている。また，この「個別指導計画」を考えるにあたり，本人・保護者のねがいが示されている「学校生活支援シート」から指導目標を落とし込むようにすることが大切である。

引用文献

文部科学省（2016）.「特別支援教育を推進するための制度の在り方について（答申）」中央教育審議会答申 2016（平成 17）年 12 月 8 日　https://www.mext.go.jp/b_menu/shingi/chukyo/chukyo0/toushin/05120801.htm

ある小学校教諭と社会教育主事の理論と実践

小学校教員・教育委員会　佐野純也

1. はじめに―自己紹介―

(1) 心理学専攻の大学生 (2001年4月〜2005年3月)

もともとは心理学を学びたくて大学に入学し，心理学に関係する職業に就きたいと思っていた。ところが，大学3年生の時に入ったゼミで，インターンシップとして週1度，小学校に行くようになり，進路の希望が変わった。子どもが1週間でグンと成長する姿に感激し，小学校教員に憧れるようになった。誰かとの比較ではなく，1週間前のその子自身と比べて確かに成長していることに感激したのである。キャリア選択のきっかけは，どこにあるかわからないものである。

(2) 公立小学校の教員 (2009年4月〜2018年3月)

大学卒業後すぐに教員になれたわけではない。大学の通信課程で2年間勉強して免許状を取り，その後，産休・育休代替の臨時的任用教員として働いた。すぐに採用試験に合格することはできなかったが，実践を通して教職に関する教養や授業力などを蓄える機会となった。管理職の先生に面接の練習をしていただいたり，音楽の先生にピアノのアドバイスをいただいたりもした。このように，本採用までに何年もかかったエリートでもなんでもない自分は，支援者としてどのように成長してきたのだろうか。

(3) 教育委員会生涯学習課の職員 (2018年4月〜)

さて現在，私はある市の教育委員会事務局に勤めている。公民館を所管しており，地域の人々の生涯学習を支援している。小学校教員から市の職員に突然

「異動」することになってしまったのである。そのような予定ではなかったので，生涯学習課に異動したばかりの頃は少し後ろ向きであった。「子どもたちと楽しく過ごしたい」「学校に戻りたい」という気持ちでいっぱいだった。もちろん，今では，やりがいを感じながら他者の支援に携わっている。なぜ，変わることができたのだろうか。

　このように振り返ってみると，小学校教員時代も生涯学習課職員時代も，順風満帆とは呼べない支援者人生であった。それでも今まで続けてこられたのには理由があるはずである。このことについて，私の失敗やつまずき，喜びや楽しさなどに焦点を当てて述べていく。読者の皆さんが現場の様子を知り，キャリア選択の情報を得られるように努めるので，少しの間，お付き合いいただきたい。

2.　第1部　小学校教員時代

(1)　理論と実践

　大学卒業後，通信課程で教員免許を取得した（ちなみに，通信課程で小学校教諭の免許を取得できる大学はいくつかある。学生時代に中学・高校の教員免許を取得していなくても，関連する単位を取っていなくても免許は取得できる）。そうこうしているうちに，教員に採用された時には26歳になっていた。同期には大学を卒業したばかりの世代も多く，自分は遠回りしてしまったという気持ちだった。また，専門教科がない自分にとって，専門性を生かして活躍する同期や同僚はあこがれだった。このように，劣等感を抱きながら始まった教員人生だが，まず心がけたことがある。

教育図書を読む

　学級経営に関する本，教科指導に関する本，レクリエーションのネタになる本など，ずっと読み継がれているものから新刊，月刊誌まで気になるものを読むようにしていた。様々な図書を通して，子どもたちが所属感や有用感をもてる学級をつくったり，わかる楽しさや喜びを感じられる授業をしたりするため

のヒントを学んだ。

　本から知識を得るのと同時に，もう一つ心がけたことがある。

実践を積み重ねる

　本も大事だが，目の前の子どもたちに力をつけてこその教員である。

　ある年，「元気な子」が多いクラスを担任した。授業中も休み時間も「元気」なクラス。とても楽しい反面，時と場に合った行動が取れるとよりよくなると思っていた。そんなある日，全校朝会のため教室から体育館へ移動する際，整列して静かに移動できたときがあった。すごく立派だなと感じたので，みんなを褒めた。褒めたというより，感激したことを素直に伝えた。すると，その日からクラスの雰囲気がガラッと変わったのである。メリハリがつくようになっていった。子どもたちを信頼し任せるようになると，さらに子どもたちは成長していった。好循環が生まれたのである。

　この出来事から，自分自身が変容できたと思っている。教育図書には子どもへの対応として「褒める」「勇気づける」というキーワードがよく出てくる。もちろん，「褒める」「勇気づける」ことがよいということは理解していた。しかし，それっぽい言葉をかければよいのではなく，もっと素直に自分の言葉で気持ちを伝えるべきなのだと納得することができた。理論と実践が双方向に結びつき，よい結果が生まれたのである。常に学び，試し，自分自身をアップデートし続けることが大切だと感じた。

(2) 出会い（その1）

　教員になって3年目。ターニングポイントが訪れた。そのきっかけとなったのは，教頭先生との出会いであった。

　毎日子どもたちと楽しく過ごしていたが，自分には強みがないこと，特に専門教科がないことには常々，劣等感をもっていた。そんなある日，新しく赴任した教頭先生（ちょっと厳しい…）とも打ち解けた頃，「社会科の勉強会があるのだけど，行ってみないか」と，案内状を渡された。「勉強会だなんて，なんだか大変そうだな」と思いながら，恐る恐る参加してみた。

　行ってみると，嫌な予感は的中。ハイレベルな議論が繰り広げられ，全く付

いていけなかった。意見を求められても答えられない。勉強会の2時間はとても長かった。当然「もう行きたくない」と思った。それでも，勉強になることは紛れもない事実である。専門教科がないのなら専門教科を作ってしまおう。1年間は参加してみよう。そういった思いで，勉強会を続けてみることにした。

　そのうちに教材研究が楽しくなった。授業が上手になったとは思わないが，子どもたちが一生懸命考え，力を付けていく姿に感動した。数年後には，課題研究員として，教育委員会の指導主事や市内の先生たちと社会科の授業を研究する機会にも恵まれた。

　他者を支援していたはずの私は，私を支援する教頭先生によって成長することができた。私はコミュニケーション能力が高い方ではない。それでも人とのつながりは大切にしてきた。打算的かもしれないが，出会いやつながりをチャンスと捉えている。成長のプロセスだと感じている。今思うと，この教頭先生との出会いがなかったら現在の自分はないと言い切れるくらい影響の強い出来事だった。

　ところで，「はじめに」でも述べたとおり，現在の自分は教員ではない。子どもを支援する教員ではなくなり，別の人たちを支援する職業に変わっている。ということで「第1部　小学校教員時代」はここで終了とし，「第2部」に移りたいと思う。私の話もあと半分。もう少しだけ，お付き合いいただきたい。

3.　第2部　生涯学習課職員時代

(1)　使えない新人

　社会科の課題研究の成果を生かし，教員10年目もがんばろうと思っていた矢先，異動を告げられた。その異動先は，市の教育委員会だった。

　校長先生から異動を告げられたときはとてもショックだった。異動希望も出していなかったし，むしろ引き続きがんばろうといろいろ構想していたくらいだった。

　教育委員会事務局では生涯学習課という部署に配属となった（教育委員会の組織については章末コラム参照）。生涯学習課とは，市民の生涯学習を支援することが大きな役割で，公民館などの施設を所管している。学校教育ではなく

社会教育にかかわる部署である。学校という場で子どもを支援する教員から，市民の自主的な学びを支援する生涯学習課職員へと変わったのである。

　戸惑いながらの仕事が続いた。今までとは仕事の内容も進め方も全く違っており，同僚に手伝ってもらいながらなんとか進めていくという状態だった。新しい仕事にやりがいを感じる一方，それ以上に，役に立っていない感を抱き，後ろ向きに過ごしていた。

(2)　社会教育主事講習受講

　突然の「転職」に苦労していた生涯学習課1年目の冬，社会教育について深く学ぶ機会があった。38日間の社会教育主事講習である。

　社会教育主事は，社会教育を行う人に専門的技術的な助言と指導を与えることが職務。その社会教育主事となり得る資格を得るために知識や技術などを学ぶ講習が，社会教育主事講習である。

　38日間，朝から夕方まで，見ず知らずの人たちと勉強するなんて大変だと思いつつ，講義や演習を通して理論と実践を学習できることがとても楽しかった。次第にそこへ教員時代との共通点を見出した。

理論と実践を学び続ける

　本を読んだりサークルで学び合ったりした教員時代を思い出した。他者を支援するために必要な知識や技能を学んだことで，早く現場で生かしたいと前向きな気持ちになった。

　社会教育主事講習での学びを生かして事業を考えるようになった。今までは，単におもしろそうで人がたくさん集まるような企画がよいと思っていたが，市民のニーズはどこにあるのか，今学んでほしいことは何か，地域の課題を解決するためにはどうすればよいか，などを考えるようになった。

　公民館の「人権講座」や公民館利用団体の「クラブリーダー研修会」の講師を務めることも増えていった。公民館の館長から「虐待防止」をテーマにした人権講座の開催について相談を受けた時は，福祉部局に異動した社会教育主事有資格者と連携することで，専門性の高い講座を企画・運営することができた。

　「使えない新人」だったが，少しずつ役割を果たせるようになっていった。

誰かの役に立っているというのは，支援者にとって最高の喜びではないだろうか。いつしか，教員時代と同じように支援に携わる楽しさを感じるようになった。学ぶ機会に対して一歩踏み出したことがよかったのだと思う。

(3) 出会い（その2）

　私は人に影響されやすいのだろうか。教員時代と同様，社会教育主事時代にも大切な出会いがあった。

目標となる先輩社会教育主事との出会い

　この先輩も，もとは小学校の教員だった。およそ10年前，教育委員会に異動となった時には，やはり学校を恋しく思ったそうだ。しかし今では，社会教育のスペシャリストになっている。

　この先輩のところには，公民館の職員からよく相談が来る。他の自治体の社会教育主事からも電話がかかってくる。先輩は，公民館講座のアイディアが豊富である。地域と学校との連携・協働を進めるための構想力と実行力がある。このように，社会教育主事は一人に対する支援はもちろん，地域全体の支援もできる仕事なのである。

　後ろ向きのスタートだった同じ境遇の人が，ここまで変容したという事実。自分も変わることができるのではないかと前を向くことができた。目標となる人がいるというのも，成長のプロセスには重要であろう。

　自分自身は「支援する人」とはまだまだ呼べない存在である。しかし，先輩との出会いによって，目指す社会教育主事像が明確になった。現在は，地域と学校とをつなぐために奮闘しているところである。

4. おわりに

　「支援」のスタートだった教員時代も，現在の社会教育主事時代も，私は劣等感だらけの「なんでもない人」である。残念ながら，それは認めざるを得ない。しかし，子どもの成長に携われて感動できたし，地域の人たちの学びをバックアップする機会に恵まれた。

　今回，自分自身を振り返ってみて，順風満帆とは呼べない支援者人生を続けてこられた要因は次の二つだと感じている。

　・人との出会いやつながりを大切にする

　・学び続ける

　「小学校教員」と「教育委員会事務局職員」の話が，どれだけ有益な情報となったかはわからないが，こういう職業，人生，支援活動，キャリア選択もあるらしいという多様な生き方を知っていただけたら嬉しい限りである。

教育委員会制度について

　教育委員会は，都道府県及び市町村等に置かれる合議制の行政委員会である。学校教育や社会教育，文化，スポーツなどに関する事務を管理し，執行する。

教育委員会設置の法的根拠

（1）地方自治法

●委員会及び委員の設置（第180条の5）

　執行機関として法律の定めるところにより普通地方公共団体に置かなければならない委員会及び委員は，左の通りである。

　一　教育委員会　（以下省略）

（2）地方教育行政の組織及び運営に関する法律

●設置（第2条）

　都道府県，市町村及び第21条に規定する事務の全部又は一部を処理する地方公共団体の組合に教育委員会を置く。

●事務局（第17条）

　教育委員会の権限に属する事務を処理させるため，教育委員会に事務局を置く。

教育委員会の組織

（1）教育委員会	（2）事務局
教育長及び4人の委員をもって組織（都道府県は5人以上など，違いあり）	指導主事，社会教育主事，事務職員，技術職員，所要の職員が置かれる
月1〜2回の定例会や臨時会を開催 ・教育に関する方針の決定 ・教育委員会規則の制定　等	教育長の指揮監督のもと具体的な事務を処理 ・学校教育や社会教育に関する専門的事項の指導や助言　等
本来の意味での「教育委員会」	（1）の教育委員会と（2）の事務局とを併せて「教育委員会」と呼ぶこともある

```
┌─────────────────────────────────────────────────┐
│                  【教育委員会】                    │
│ ┌──────────────┬──────────────┐  ┌────────────┐ │
│ │(1) 教育委員会 │(2) 事務局     │  │・学校       │ │
│ │・教育長       │・総務関係課    │  │・公民館     │ │
│ │・教育委員     │・学校教育関係課 │  │・文化財施設 │ │
│ │・教育委員     │・社会教育関係課 │  │・スポーツ施設│ │
│ │・教育委員     │・文化財関係課  │  │・図書館 等  │ │
│ │・教育委員     │・スポーツ関係課 等│ └────────────┘ │
│ └──────────────┴──────────────┘                 │
└─────────────────────────────────────────────────┘
```

教育委員会制度の意義

（1）政治的中立性の確保

　教育行政の執行に当たり，個人的な価値判断や特定の党派的影響力からの中立を確保する。首長から独立した行政委員会として設置されている。

（2）継続性，安定性の確保

　教育が一貫した方針のもと安定的に行われるようにする。また，学校運営方針などの漸進的な改革・改善を可能とする。

（3）地域住民の意向の反映

　地域住民の意向が反映される仕組みを整え，専門家の判断のみによらない教育行政を実現する。

教育委員会の職務権限

（1）学校教育の振興（学校管理規則等によって校長に委任される職務権限もある）

　　・学校の設置，管理及び廃止に関すること

　　・学校職員の任免その他人事に関すること　等

（2）生涯学習・社会教育の振興

　　・社会教育に関すること（生涯学習事業の実施，公民館等の設置・管理 等）

（3）芸術文化の振興，文化財の保護

　　・文化財の保護に関すること（文化財の保存・活用，文化施設の設置・運営 等）

（4）スポーツの振興（学校体育を除く）

　　・スポーツに関すること（指導者の育成・確保，スポーツ施設の設置・運営 等）

参考文献

文部科学省　教育委員会制度について　https://www.mext.go.jp/a_menu/chihou/05071301.htm

教職員を支える大学職員

大学職員　別府尚吾

 ## 1. 大学職員とは？

(1) 大学職員の法的位置づけ

　「大学職員」と聞くと，どのようなイメージをもつだろうか。証明書を発行してくれる人，施設・設備の貸出しをしてくれる人，履修登録や就職活動の相談に乗ってくれる人，学生生活の相談に乗ってくれる人，学部学科の事務室にいる人……など，様々なイメージがあるに違いない。日常的な学生生活においては，おそらく「窓口にいる人＝大学職員」というイメージがあるのではないだろうか。そもそも，この大学職員とはどのような職種なのだろうか。実は，大学職員は，しっかりとした法的な位置づけに基づいて，配置がされているのである。

学校教育法における事務職員の規定

　学校教育法第92条において，「大学には学長，教授，准教授，助教，助手及び事務職員を置かなければならない」とされている。

　つまり，事務職員（大学職員）は，大学にいてもいなくてもよい存在なのではなく，置かなければならないとされているのである。それでは，なぜ大学には事務職員を配置する必要があるのだろうか。

大学設置基準における事務職員の規定

　別の法令で，大学設置基準第二条の三（教員と事務職員等の連携及び協働）においては，「大学は，当該大学の教育研究活動等の組織的かつ効果的な運営を図るため，当該大学の教員と事務職員等との適切な役割分担の下で，これらの

者の間の連携体制を確保し，これらの者の協働によりその職務が行われるよう留意するものとする」と規定されている。

　つまり，大学で行われる教育や研究等の諸活動が円滑に行われるように，様々な職種が連携する必要があり，そのために事務職員を置かなければならないことになっているのである。

(2) 大学職員の役割

　前述のとおり，大学において，教員と事務職員が適切な役割分担の下で協働することが重要であるとされているが，具体的にはどのようなことなのだろうか。また，事務職員の役割とはどのようなことなのだろうか。

　授業を例にとって考えた場合，授業をするには，いくつもの前提条件がある。講義内容が示されたシラバスは，当然ながら授業を行う教員が作成することになるが，それ以外に，授業を実施するためには，教室が確保されていること，履修登録がされていること，学籍情報が整備されていること，出席状況の管理，必要物品の購入……など，多くの工程がある。その全てを教員が行うことになると，とても効率的な授業運営はできない。そのため，役割を分担し，実際の授業以外の部分については事務職員が担い，教育活動がスムーズに展開できるようにしているのである。

　他方，事務職員は，直接的に教育・研究活動に携わらない業務も多く担っている。例えば，大学全体の事業計画や運営方針の策定を行う経営企画部門や，大学を運営するにあたって重要な経営資源である「人・物・金・情報」を管理するような，人事・総務部門，施設管理・調達部門，財務部門，情報・システム管理部門等，普段，学生からは見えないところで，多くの事務職員が大学運営に携わっているのである。

2. 自身の大学職員としてのキャリア

　私自身は，私立の総合大学で事務職員として勤務している。これまでのキャリアと実体験について簡単に紹介してみよう。

(1) 最初の配属 (付属高校)

　就職して最初の配属は，大学の付属高校の事務室であり，5年間勤務をした。大学職員とは言いながら，同一の学校法人が運営する付属高校・中学校・小学校等や，大学付属病院が併設されている多くの大学では，大学以外の部門も配属の対象であることが一般的である。高校の事務室は小規模であるため，大学部門のように，○○課というような単独の組織がある訳ではない。つまり，大学部門でいうところの複数の「課」の業務が事務室に集約されているため，幅広い業務を行うことが特徴と言えよう。生徒の目線から見た事務室は，生徒証や在学証明書，通学証明書，学割証等の証明書を発行してもらうところというイメージが強いと思うが，その他，学費管理，補助金の申請，学校基本調査等の公的調査対応，請求書の支払い，予算及び決算，修繕等の施設管理，教職員の給与計算，社会保険の手続き等々がある。幅広い業務を行うことで，事務職員として多くの基礎知識を学ぶことができた。特に，事務室ではお金に関連する業務が多かったため，学生時代には縁のなかったような，大きい桁の金額を扱うことにとても驚いたことを覚えている。また，外線電話を受けたり，窓口での来客応対をしたりすることも多いため，社会人としての接遇マナーや，業務遂行上必要となる法令を始めとした専門知識も多く身に付いた。自分自身が高校生の時は，事務室の存在を気にしたこともなかったのだが，実際に事務室で幅広い業務を経験することで，「学校がどのように回っているか」を目の当たりにできる職場環境であった。

(2) 初めての人事異動～現在 (人事課)

　付属高校で5年間勤務した後，人事課へ異動となり，2020年度で10年目を迎えた。本学では，様々な職務経験を積むことを目的とし，新卒で配属後，原則5年で最初の人事異動がある。その後は，(定年) 退職者の補充や，本人の希望，部署運営上の必要性等に応じて，人事異動が行われている。

　学生から見た人事課に対する一般的なイメージと言えば，採用を担当している部署であるというイメージが強いのではないだろうか。また，給与や退職金の支払い，福利厚生の提供等を行っていることも想像がつくだろう。その他に，本学の場合では，職員人事制度の運用が大きな業務となっている。具体的

には，職員を対象とした研修の実施運営，職員の評価制度（人事考課制度）の運用や，昇格試験の実施，年間の業務目標に沿った業務遂行をするための目標管理制度の運用等，職員の育成や評価，処遇に関する手続き等も行っている。私自身は，就業規則に代表される，勤務上の学内ルール（規程・細則など）の管理や，出退勤や年次有給休暇，時間外労働等の労務管理，福利厚生制度の運用など，教職員の就業環境の整備を図る業務に携わっている。就業環境の整備は教職員全体にかかわることであるため，地味ながらも非常に責任の重い業務であると痛感している。なぜなら，働きやすい職場環境を整えることが，教育・研究活動によい作用をもたらし，間接的に学生サービスの向上につながるものだからである。

(3) これまでの振り返り

　これまでの職員生活を振り返り，重要であると感じていることは，「役割意識」である。教員と職員は「車の両輪」と表現されながら，職員はどこか縁の下の力持ちのような存在で捉えられることが多い。実際に私自身も，就職した当初はそのような感覚であった。しかし，職員として業務を行っていくと，それぞれの職種ごとの役割が異なるだけであって，皆が大学（学校）運営の担い手であるのだということに気づかされた。当初は，自身が行っている業務が学校運営にどのように影響しているかわからず「作業」でしかないが，業務の目的や前後関係を把握し，点ではなく線や面として捉えることができると，最終的には，ステークホルダーにつながる仕事であることが理解できるようになる。目立たない業務もあるが，職員は主体的な存在であって，職員の立場から，どのような役割を遂行することが求められているかということを意識して業務ができるようになったと感じている。

(4) 印象に残った業務

　私がこれまで人事課で行ってきた業務の中で，やりがいを感じた業務の一つとしては，事務職員の採用内定者研修の講師を担当したことである。私が担当したのは，ビジネスマナーや，仕事を行う際の心構え，社会人として働くうえで重要な基本動作・基礎態度についての講義である。2日間で7時間分の講

義でもあり，時間どおりにプログラムを進められるか，また，内定者がどんな反応をするか，どんな質問が来るか……など，とても緊張したことを覚えている。それでも，これから同じ職員として働くこととなる内定者を前に，自分の思いを語りかけることができることは，とても貴重な経験であった。

　具体的に，ビジネスマナーの単元では，挨拶のしかたや電話・来客応対，名刺交換など，基本的事項について説明し，研修の一番最後には集大成としてロールプレイ形式で，一連の応対ができるかどうかを体験してもらっていた。この単元で内定者に一番理解してもらいたかったことは，「知っている」ということと「できる」ということは全く違うということである。例えば電話応対など，ワークシートを見ながらであれば受け答えをすることができるが，何も手元にない状態で行うロールプレイ形式になると，言葉が出てこなくなることがあり，職場での日常をイメージしてもらうよう心がけた。講義を受けただけでは，ただ「知っている」状態であり，知識を得ても行動に移せるかは全く別の水準であり，経験しなければできるようにはならない。これは今思えば，都筑ゼミのモットーであった，「片手に理論，片手に実践」に相通じるものがあるかもしれない。意識せずともできるようになった時が習慣となり，習慣となったものこそがスキルとなるので，失敗を恐れずに，チャレンジして習得することを促した。

　次に，仕事をするうえでの心構えであるが，まず理解してもらいたかったことは，「ステークホルダー」の存在と重要性である。ステークホルダーとは，直訳すると利害関係者と訳されるが，大学にとってのステークホルダーとは，学生や保護者だけでなく，OB・OG，近隣の住民，企業，行政，教職員など，多岐にわたっている。これは大学職員に限ったことではないが，自身の業務が，誰のために，何のために行っているか，その目的を理解し業務の本質を見失わないことが，仕事をするうえでの重要なポイントであると考えている。

　最後のポイントは，「組織の中で働くこと」への意識の醸成である。社会人の本分は業績をあげることや成果を出すことだが，仕事は当然ながら一人で行うものではない。この重要性については，ワークを通して，成果の大きさは「個人＜グループ＜全体」になるということを経験してもらい，全体で組織の目標達成のために成果をあげようとする協業の姿勢の重要性を理解してもらった。

　これから同じ職員としてスタートラインに立とうとしている内定者に対し，職場にスムーズに移行できるようサポートができることは，本当にやりがいのある業務であった。また，少し大げさに言えば，これから，学生から社会人になるというライフステージの転換期に立ち会っているような瞬間でもあり，講師を務める度に自分自身を振り返り，責任の重さを痛感していた。内定者のうち，配属される部署によっては，直接業務でかかわりの出てくる職員もいる。内定者研修の際には，どこか不安そうな顔をしていた内定者が，配属後に自信をもって業務をしている姿を見た時や，始めはたどたどしく電話に出ていた職員も，後にスムーズな受け答えができていることを感じられた時には，成長が感じられ，本当に嬉しく思う。このように，学生の成長ではなく，職員の成長に携わる大学職員としての業務もある。余談ではあるが，私が内定者研修の講師を担当した代の職員で，配属してから数年後にあるプロジェクトを一緒にやり遂げた職員がいた。そのような縁もあって，その職員の結婚式に招かれ，スピーチを依頼されたのだが，その時に，内定者研修の際の話を引き合いに出して，門出のエールを送ることができたことも，職員人生において本当に嬉しい瞬間であった。

3.「逆算」のススメ

　普段，学生が目にする以外のところで，大学職員がどのように働いているか，その一部が伝われば幸いである。大学では教員や職員が学生を支えるべく業務にあたっているが，その教職員を支える側の事務職員もいて，大学が運営されているのである。そのような目線で，自分の大学を見つめ直してみると，新たな発見があるかもしれない。

　最後に，内定者研修の講師をしていた立場から，皆さん自身の将来を考える際のヒントになることを期待して，現在の高等教育政策について紹介したい。それは，文部科学大臣の諮問機関である中央教育審議会が，2018 年 11 月にまとめた「2040 年に向けた高等教育のグランドデザイン（答申）」である。なぜ 2040 年に向けた内容なのかというと，この答申がまとめられた 2018 年に生まれた子どもが，大学の学部を卒業する 22 歳になるのが，2040 年だからで

ある。このグランドデザインでは，2040年がどのような社会変化を遂げている
かを捉え，将来どのような人材が社会から必要とされるかを見据えた結果とし
て，これからの高等教育政策をどのように推進すべきかについて提言がなされ
ている。このような国の大きな高等教育政策を受け，各大学でそれぞれの教育
プログラムが展開されている中で，今一度，自身が受けている授業やゼミの目
的や目標を改めて確認すると，違った視点で成果を感じられだろう。このグラ
ンドデザインのように，少し先の未来がどのようになっているかを考えること
によって，自分自身が将来的に何をしたいのか，それを実現するためには学生
時代に何をすべきなのかということについて，「逆算的に」取り組んでいくため
の有益なヒントをくれるかもしれない。

　スマートフォンで簡単に情報を手に入れることはできるが，「知っているこ
と」と「できる」ことは違う。学生時代ならではの貴重な経験をたくさん積め
るよう，様々な活動に勇気をもって，積極的に参画してみてほしい。

第3部コメント

他者との相互作用に支えられた支援者の成長

東京都立大学　岡田有司

　第3部では教育・保育にかかわる支援者としての成長が，各著者の支援経験に基づきながら書かれています。教科書や研究書のように客観性やロジックが重視された無機的な文章とは異なり，試行錯誤の様子や支援に込められた思いも描かれ，その人の支援にかかわる軌跡が綴られていました。こうした各著者の軌跡に触れることで，私自身も自らの支援の経験が想起させられました。

　私は現在大学教員として学生の教育に携わっていますが，これまでにフリースクールのスタッフ，中学校相談室の相談員，保育園の巡回相談員，高校の非常勤講師，小中学生を教える塾講師などを経験してきました。こうした自らの支援の経験を重ね合わせながら各章を読む中で，共感できることが多くあったと同時に，いくつかの気づきが得られました。教育・保育に関わる支援者の成長という観点からその気づきをまとめたものが図1です。教育・保育の場には「支援者」「被支援者」「他の支援者」が存在し，それぞれの相互作用を通じて支援者は成長してい

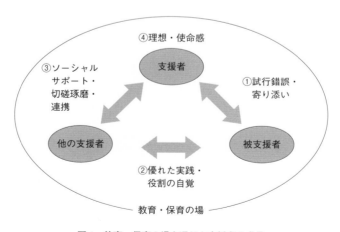

図1　教育・保育の場を通じた支援者の成長

くと考えられます。以下では，この図に基づきながら気づいた点について述べて
いきます。

1. 支援者と被支援者間の相互作用

　第一の気づきは，支援者と被支援者間の相互作用とそこから導かれる成長です。
ここで成長の鍵となるのは試行錯誤と被支援者への寄り添いです。

　どの著者の原稿でも言及されていたように，支援者は当初は経験も自信も十分
ではありません。そうした支援者であっても，ひとたび現場に立てば自分の他に
代わりはおらず，目の前の被支援者にその場で応答する必要に迫られます。大学
職員として新入職員の研修にあたった別府さんは，次のように語っています。

> 「私が担当したのは，ビジネスマナーや，仕事を行う際の心構え，社会人と
> して働くうえで重要な基本動作・基礎態度についての講義である。…中略…。
> 時間どおりにプログラムを進められるか，また，内定者がどんな反応をするか，
> どんな質問が来るか……など，とても緊張したことを覚えている」
>
> （第 7 章，pp. 172-173）

　支援者はどのような支援をするのか，被支援者に対してどのように応えるのか
を自ら考え判断する必要があり，それには責任が伴います。これは緊張すること
であると同時に，被支援者に真摯に向き合うことにつながります。そして，支援
者はこうした緊張感や責任感に後押しされる形で，試行錯誤をしながら支援の在
り方を模索していくと言えます。

> 「『電子機器や楽器から伝わる振動が好きなのではないか』という仮説を立
> てた。さっそく，休み時間にキーボードを渡すと，音量や曲を変え，その機械
> に伝わる振動を感じて楽しむ姿が見られた。キーボードという機械が C くん
> にとっての楽しみとなり，教室で穏やかに過ごすことができるようになった」
>
> （第 3 章，p. 141）

　障害をもつ子どもを教える片山さんがこう述べているように，試行錯誤は仮説
を立てて試してみるという仮説検証の連続です。こうした経験が蓄積されること
で，被支援者に対する深い洞察が可能になり，効果的な支援が可能になると言え

ます。しかし，その過程ではうまくいかず苦い思いをすることも少なくありません。支援の場にいる間は支援者自身もその場の状況に巻き込まれていますが，現場から離れると自らの支援について内省がなされます。

　　　「このアプローチは果たして正しかったのか，いまだに自分の中では答え
　　　が出ない。他の子と比べて自分はできないのだと落ち込んでほしくもないし，
　　　先生の力できれいに仕上げてしまうことで惨めさを感じてほしくもなかった」

（第1章，　p. 121）

　この阿部さんの記述に表れているように，支援者は，あの関わり方でよかったのか，もっと別のやり方がよかったのではないかと常に自問自答するものです。仮説検証と内省に支えられたたゆまぬ試行錯誤が支援者を成長させるのです。
　ここでのもう一つの成長の鍵は，寄り添いです。各著者の原稿からは被支援者に寄り添う姿勢が感じられました。

　　　「それだけ人生の節目に努力して目標に向かって突き進む瞬間に寄り添う
　　　のだ。我々も本気で向き合わねば，生徒はそれを見抜き閉じこもり孤独に勉
　　　強と闘うようになる」（第4章，p. 149）

　　　「できたことをその都度評価して『それでいい』というメッセージを発信し
　　　続けた。一進一退を繰り返しながらであるが，少しずつ落ち着くことができ，
　　　1年生の終わりにはようやく授業の最後まで参加できるようになっていった。
　　　本人の笑顔も，少しずつ見られるようになり，嬉しく思った」

（第5章，p. 156）

　学習塾と特別支援学校。場こそ違え，青木さんと鈴木さんの記述には，被支援者の思いを理解し寄り添おうとする姿勢がよく表れています。被支援者の思いをおもんぱかり，それに向き合う，あるいは共感する。それによって被支援者が励まされ，よい方向に変わっていく。そして，この寄り添う姿勢があるからこそ，被支援者の成長が支援者の喜びになり，支援の原動力となっていくのです。
　また，寄り添いには支援者自身の純粋さも関係しています。クライアント中心療法というカウンセリングでは，カウンセラーの純粋性が重視されます。純粋性

とは，カウンセラーがクライアントとの関係の中で，嘘や偽りなくありのままでいることを意味します。この純粋性に通じる支援者の姿勢が，被支援者にポジティブな影響をもたらすことも描かれていました。佐野さんは，次のように述べています。

> 「すごく立派だなと感じたので，みんなを褒めた。褒めたというより，感激したことを素直に伝えた。すると，その日からクラスの雰囲気がガラッと変わったのである」（第6章，p. 163）

　支援にかかわっていると，支援者側の感情も揺れ動きます。そして，ここに書かれているように，支援者の心からの思いやメッセージは被支援者にも響きます。被支援者の振る舞いによって支援者の心が動かされ，支援者が純粋な思いで応えることで被支援者にポジティブな変化が生じるという，両者の共鳴によって双方が成長していくというプロセスが確かにあると言えるでしょう。

2. 被支援者と他の支援者の相互作用

　第二の気づきは，被支援者と他の支援者の相互作用とそこから導かれる成長です。ここで成長の鍵となるのは他の支援者の優れた実践と，それが契機となって生じる役割の自覚です。

　新人の支援者はベテランの先輩支援者や優れた実践をする同僚などから大きな影響を受けます。初めのうちは，彼らの支援のあり方に感心し，それに憧れ，同時に彼らと同じようにはできないことに自己嫌悪を感じることも少なくないと思います。しかし，そうした他の支援者を観察し学ぶことで成長していきます。先に紹介した佐野さんは，先輩について次のように記しています。

> 「この先輩も，もとは小学校の教員だった。教育委員会の社会教育課に異動となった時には，やはり学校を恋しく思ったそうだ。しかし今では，社会教育のスペシャリストになっている。…中略…。先輩との出会いによって，目指す社会教育主事像が明確になった」（第6章，p. 166）

　このように，自分のモデルとなるような人に出会うことで目標が生まれ，それに向けて頑張れるようになります。一方で，人はそれぞれ特性や置かれた状況が

異なっており，必ずしも憧れた支援者のようになれるとは限りません。他の支援者を見ていると，自分には同じようにはできないと悩むこともあるでしょう。阿部さんの文章から紹介しましょう。

　　　　「一番の強みが『元気』以外の先生がいてもよかったのかもしれないと今では思う。『明るくテンションの高い先生にならなければ』ではなく，『私は，こういう私の保育を突き詰めよう』と考えて構わなかったのではないかと思うのだ。きっと，皆同じ先生でなくてよいのである」（第1章，p. 125）

　ここに表れているように，様々な支援のあり方に触れる中で，自分という人間について考えさせられることがあります。他者を観察することで自分との違いに気づき，自己理解が深まることで自分の持ち味を生かした支援のあり方を考えるようになるのです。こうした自分の役割の自覚によって，その人自身の支援が確立されていくと言えます。

3.　支援者と他の支援者との間の相互作用

　第三の気づきは，支援者と他の支援者との間の相互作用とそこから導かれる成長です。ここで成長の鍵となるのは他の支援者からのソーシャルサポート，彼らとの切磋琢磨および連携です。

　先述のように支援は試行錯誤の連続で，その中では辛いこともあります。しかし，支援の現場には自分以外の支援者もいます。彼らから様々な形で助けてもらったり，励ましを得ることで支援者は少しずつ成長していきます。また，彼らから刺激を受けることも多くあります。徳永さんは，こうしたことを印象的に綴っています。

　　　　「本気でこの仕事を辞めようと思った時があった。しかし，当時の校長から返ってきた言葉は『もう1年ここに残って，次の学級を受けもち，それから辞めても遅くはない。だから，もう1年だけやってみなさい』という言葉であった。…中略…。そこから気がつけば5年間，同じ職場で働くことができた」（第2章，p. 131）

　多くの場合，教育や保育の場では支援者は子どもたちから先生と呼ばれます。

先生は子どもたちを導く立場にありますが，支援のまさにその場では他に判断を仰げる人がいないことも多く，その中で最善の判断をしなければなりません。これはプレッシャーのかかることであり，時に孤独を感じます。こうした状況に置かれた支援者だからこそ，前を向いて支援を続けていくためには上記のような他の支援者からのサポートが重要になります。先ほどの徳永さんは，次のようにも述べています。

　　　「優秀な同期の存在は私に大きな影響を与えた。学びの深さ，知識の豊富さでは全く太刀打ちできない。同期と話していると，日本語で会話しているはずなのにまるで外国語で話しているかのような感覚になる。この人たちに追いつくためにはどうしたらよいのか」（第2章，p. 133）

　この記述からは，優秀な同期の存在に圧倒されながらも，自らを奮起させ行動しようとする意志が感じられます。こうした人に巡り合うことが支援者としてのさらなる飛躍につながり，その姿は周囲の支援者にも刺激になっていくと言えます。
　また，教育や保育の場では他の支援者と連携することが多くあります。特に，近年では心理，医療，福祉など様々な専門家が支援の場にかかわるようになってきており，同じ職場の同僚はもちろん，こうした専門の異なる支援者と連携した支援も求められています。鈴木さんは以下のように記しています。

　　　「他の特別支援学校や高等学校のコーディネーターと連携し，支援困難なケースの対応について検討する研究会にも参加した。…中略…。どのような支援機関とどのように連携すればよいか，という情報を共有できたお陰で，自分の支援者としての幅を広げることができた」（第5章，p. 157）

　自分だけでなく様々な支援者の情報を統合することで被支援者についてより深い理解が可能になるとともに，異なる専門性を組み合わせることで多角的な支援ができるようになります。こうした連携ができるようになることも，支援者の成長の一つと言えるでしょう。

4. 支援を通じて支援者に芽生えるもの
　第四の気づきは，これまで述べてきた三つの相互作用を総合したものとしても

たらされる支援者の成長です。各著者の原稿を読む中で，支援を通じて支援者の中に理想と使命感が芽生えてくることに気づかされました。

　まず理想についてですが，それぞれの著者はこれまでの支援経験を通じて自分なりの支援観，すなわち支援の際に核となる重要な信念を見出していました。第1章の「4つの力（子どもたちの力，真実味の力，愛情の力，まねぶ力）」や，第2章の「成長を導く My セブンルール」などは，端的にこのことを表しているといえます。当初は経験も自信もなく手探りで支援をしていたのが，試行錯誤を繰り返し，他の支援者の実践から学び，彼らから励まされともに働く中で，少しずつ自分の支援の形が見えてくるのだと思います。そして，支援観の構築は，必然的に支援における理想を意識させることになります。

　　　「社会には様々な人間が生きている。…中略…。その意味でも，多種多様な保育者がいる意義があり，そうした保育者がチームを組んで回している現場こそが理想なのではないか」（第1章，p. 125）

　　　「現在の通常学級の小学校の授業のあり方を特別支援の観点から見てみると，自分が授業をするなら，こんな教材を使ってみたい，こんな発問をしてみたいと，いろいろなアイデアが浮かんでくる」（第3章，p. 142）

　上に示したような阿部さんや片山さんの記述には，著者の支援に対する理想が表れています。経験の積み重ねの中から支援観が構築され，それが支援の現場に投影されることで理想とする支援が見えてくる。このように自分の中に理想をもつことで，よりよい支援とさらなる成長が導かれると言えるでしょう。

　次に使命感です。支援者になることを志した人であれば，まだ経験が十分にはなかったとしても，被支援者のために何かをしたいという思いはもっているでしょう。しかし，使命感にはその思いだけでなく自分の役割を自覚することが必要です。自分がどのような人間なのか，自分は何ができるのかを理解したうえで，支援にかかわるのが使命感を伴う支援だと言えます。

　　　「新型コロナウイルスが蔓延し，教育の現場も変化を求められている。…中略…。こんな時期だからこそ塾として，塾長として，塾講師として教育に再度向き合う必要があるのではないか」（第4章，pp. 149-150）

　　「内定者に対し，職場にスムーズに移行できるようサポートができることは，
　本当にやりがいのある業務であった。…中略…。学生から社会人になるとい
　うライフステージの転換期に立ち会っているような瞬間でもあり，講師を務
　める度に自分自身を振り返り，責任の重さを痛感していた」(第7章，p. 174)

　上に紹介した青木さんや別府さんの記述にあるように，自分だからこそできる
こと，自分がなすべきことを認識することで，支援に対するコミットメントが強
まっていくと考えられます。このように使命感をもって働くというのは必ずしも
全ての人ができるわけではないように思います。目の前に支援が必要な人がいる，
自分が彼らのために何ができるのかを考え抜く，そうして初めて得られるもので
す。そして，使命感を見つけることは支援者に成長をもたらすだけでなく，やり
がいや生きがいをもたらすことにもつながると言えるでしょう。

　これまで述べてきたように，支援者は被支援者や他の支援者との相互作用を通
じて成長し，その中で支援における理想と使命感を獲得していくと考えられま
す。私自身も支援の経験を通じて上述のような成長が多少はできたように感じま
す。そして，このことは教育・保育に関する研究にもポジティブな影響があるよ
うに思います。私自身について言えば，私は児童・青年の適応や発達について研
究をしています。こうした研究を進めるうえで，実際の支援の経験が糧になって
いるとつくづく感じます。私が支援にかかわるようになったのは，もともとは学
校適応に関する研究をする中で，支援の現場を知らずに研究だけをしていても説
得力がないのではないかと思ったからでした。いざ支援の現場に行くと，他の著
者も書いているように試行錯誤や戸惑いの連続でしたが，その中で多くの印象的
な出来事を経験し，様々な児童・青年の成長を目の当たりにできました。こうし
た経験は，関連した研究をしている際にしばしば鮮やかなエピソードとしてよみ
がえり，進むべき方向に示唆を与えてくれます。また，支援の経験を重ね合わせ
ながら研究をすることで，無味乾燥なエビデンスや論理を積み上げるだけではな
く，少しは理想や使命感を伴った研究ができているように思います。教育や保育
の場を通じた成長は，そこにかかわる研究者にとっても重要なものであると言え
るでしょう。

あとがき

　本書を読まれたみなさんは，支援という仕事が実に多様なものであると感じることでしょう。本書で取り上げている分野には，心理臨床だけでなく，障害・福祉，教育・保育も含まれています。このように，多分野における支援者の活動を対象としているのですから，多様なものだと感じるのは当然のことでしょう。

　これに加えて，そのように感じるのには，もう一つ別の理由があると，私は考えています。それは，そうした多様な支援者全員が，大学で心理学を学んでいたという事実に由来しています。大学での心理学の学びを基礎にしながら，様々な分野で支援の仕事にかかわっている人たち。その姿を見ていると，大学での学びと社会での仕事の関係は，幅広く開かれたものであると感じずにはいられません。心理学の「専門性」を，狭い範囲内に押し留めておく必要はないのです。

＊　　　＊　　　＊

　本書に原稿を寄せてくれた支援者たち。それぞれの生き方は多様性に満ちたものです。大学院修了後，一つの仕事をずっと続けてきた人。いくつかの職場を掛けもちしながら，仕事をしている人。大学卒業後，学び直して，資格を取り，今の仕事に就いた人。幼い頃の思いが，現在の仕事につながっている人，などなど。このように，ライフコースという点から見ても，実に様々です。

　その中で共通するのは，自分の周囲にいる人たちとのかかわりを大切にする姿勢だと思います。支援の対象となる被支援者との関係も，決してビジネスライクなものではありません。被支援者に対して誠実であり，責任をもって応答していく。被支援者の気持ちに寄り添い，ともに歩んでいく。被支援者の成長を自分のことのように喜び，分かち合う。そうした生き方が，それぞれの個性に応じて展開されているように感じます。

＊　　　＊　　　＊

　支援の仕事をするうえでは，自分自身を大切にすることも重要です。自分の

日常生活は，支援という仕事を支える土台となります。自分の生活が揺らいでいたり，不安が強かったりすれば，真正面から被支援者に向き合うことはできません。自分の好きなことをやって気分転換したり，場面によって気持ちを切り替えたりすることも必要です。

　専門職の支援者だからと言って，常に支援する側にいるわけではありません。同僚や先輩，他機関の専門職からのアドバイスによって，心がふっと軽くなることもあるでしょう。「支援者は被支援者でもある」，といった気持ちのもちようも，時には大切なのではないかと思います。

＊　　　＊　　　＊

　本書では，支援者に自分の成長を振り返って原稿を執筆してもらいました。その際，次の三つのシートを著者たちに事前に用意しました。第一は，「振り返りシート」です。社会で起きた出来事，仕事上の出来事，プライベートでの出来事，その他という，四つのカテゴリーについて，心に思い浮かんだ出来事を現在から遡って自由に書いていきます。第二は，「人の輪シート」です。日々の生活の中で，自分がかかわっている人たちをマッピングしていきます。第三は，「活動シート」です。日頃，自分が行っている様々な活動をマッピングしていきます。これらのシートでは，作成することを通じて，自分の経験や活動を可視化することをねらいとしています。自分の成長という目に見えづらいものを意識化するには，経験や活動を振り返り，手がかりにすることが不可欠だと考えたからです。読者のみなさんも，自分の成長について考える時のツールとして使ってみてはいかがでしょうか。

＊　　　＊　　　＊

　机上のプランとして10年以上も前から温めていた本書が，出版に向けて実際に動き出したのは，昨年8月末でした。ナカニシヤ出版編集部の山本あかねさんには，長らくお待たせしましたが，お約束を果たすことができてホッとしています。いつもながらの手際のよい編集作業，大変ありがとうございました。

　最後に，原稿を執筆してくれた23人の都筑ゼミの卒業生たちに，心から感謝の意を表します。みなさんたちが，支援者として，また研究者として，今後より一層の飛躍を遂げていくことを願って，筆をおきたいと思います。

2020 年 11 月 10 日　都筑　学

【編者紹介】
都筑　学（つづき　まなぶ）
中央大学文学部教授。博士（教育学）。主な研究テーマは，時間的展望の発達，
進路選択と時間的展望の関係，ライフコースと人間発達，写真投影法による人
間理解など。
著書に『大学 1 年生のための伝わるレポートの書き方』（単著，有斐閣，2016），
『高校生の進路選択と時間的展望—縦断的調査にもとづく検討』（単著，ナカ
ニシヤ出版，2014），『今を生きる若者の人間的成長』（単著，中央大学出版部，
2011），『やさしい発達心理学—乳児から青年までの発達プロセス』（編著，ナカ
ニシヤ出版，2008），『働くことの心理学—若者の自分さがしといらだち』（編著，
ミネルヴァ書房，2008）ほか多数。

【執筆者紹介】（所属は執筆当時のものである）
● 章執筆者
第 1 部
1　中澤元子（精神科・心療内科クリニック心理士）
2　三嶋周子（発達センター心理士）
3　石塚祐衣（児童精神科クリニック心理士）
4　宇野敦子（スクールカウンセラー）
5　尾崎香子（発達クリニック心理士）
6　千葉健司（健康相談室心理士）
7　長船亜紀（企業相談室カウンセラー）

第 2 部
1　杉田　歩（地域療育センター心理士）
2　飯島陽子（介護ヘルパー）
3　龍野理恵（地域活動支援センター相談員）
4　倉知俊一（障害者支援施設施設長）
5　秋山紗輝（就労支援施設施設長）
6　小林史明（病院作業療法士）

第 3 部
1　阿部朋代（保育者）
2　徳永明子（小学校教員）
3　片山有香子（特別支援学校教員）
4　青木望（個別指導学習塾塾長）
5　鈴木孝子（特別支援学校教員）
6　佐野純也（小学校教員・教育委員会）
7　別府尚吾（大学職員）

● コメント執筆者
金子泰之（静岡大学教職センター講師）
加藤弘通（北海道大学大学院教育学研究院准教授）
岡田有司（東京都立大学大学教育センター准教授）

他者を支援する人はいかに成長するのか

心理臨床，福祉・障害，教育・保育の現場で働く支援者の軌跡

2021 年 3 月 31 日　初版版第 1 刷発行　（定価はカヴァーに
　　　　　　　　　　　　　　　　　　　表示してあります）

編　者　都筑　学
発行者　中西　良
発行所　株式会社ナカニシヤ出版
〒606-8161　京都市左京区一乗寺木ノ本町 15 番地
　　　　　　　　　　Telephone　075-723-0111
　　　　　　　　　　Facsimile　075-723-0095
　　　　　Website　http://www.nakanishiya.co.jp/
　　　　　E-mail　iihon-ippai@nakanishiya.co.jp
　　　　　　　　　郵便振替　01030-0-13128

装幀＝白沢　正／印刷・製本＝ファインワークス
Copyright © 2021 by M. Tsuzuki
Printed in Japan.
ISBN978-4-7795-1522-4